パネルシアター
どうぞのいす

阿部 恵 編著

チャイルド本社

はじめに

夢のような企画が実現しました

　保育絵本『おはなしチャイルド』の名作中の名作で、市販化もされ、たくさんの子どもたちに親しまれてきた作品が、パネルシアターでも楽しめることになりました。まさに夢のような企画の実現です。
　いずれもよく知られたお話ですが、パネルシアターを演じる前、できたら製作時から原作の絵本をそばに置いて何度も読み返し、作品そのものをもっともっと好きになってから演じてほしいと願っています。それが、原作者の想いを子どもたちに伝える唯一の方法だと考えるからです。

楽しい保育をするためにはチャレンジ精神が大切です

　楽しい保育はだれにでもできるわけではありません。経験に関係なく新しいものに突き進むチャレンジ精神と、たゆまぬ努力が必要です。子どもは日々新しい経験をしながら成長していきます。それを援助する保育者が新たな挑戦をしないでよいはずがありません。
　新たなものへの挑戦、そこでの出会いやふれあいを大切にしながら自らも創造していく。そんな循環から、楽しい保育は生まれるのだと確信します。本書も楽しい保育の展開にお役立ていただけましたら幸いです。

絵本とパネルシアターの持ち味の違いを理解しましょう

　絵本とパネルシアターは、同じ視聴覚教材ですが、持ち味が違います。絵本は読み手と聞き手の親密な空間のなかで、密度の高いふれあいをしながら、絵やお話を楽しみます。一方パネルシアターは、演じ手と観客との広がりのある空間で、仲間との一体感を感じながらふれあい、幅広い作品を楽しみます。ぜひ両方のよさを子どもに伝えてください。
　4作品のパネルシアター化にあたり、児童文化財としての役割をご理解いただいた原作者の先生がた、パネルシアターの製作を担当してくださった先生がた、貴重なチャンスをくださったチャイルド本社編集部のみなさまに感謝申し上げます。

阿部　恵

収録したパネルシアターの原作絵本

作／香山美子
絵／柿本幸造
ひさかたチャイルド・刊

作／加藤ますみ
絵／水野二郎
ひさかたチャイルド・刊

作・絵／彩樹かれん
ひさかたチャイルド・刊

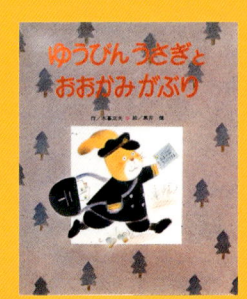

作／木暮正夫
絵／黒井　健
ひさかたチャイルド・刊

掲載のパネルシアター作品は、絵本の原著作者の了解をもとに、阿部恵が脚本化したものです。

パネルシアター
どうぞのいす

目次 CONTENTS

この本の使いかた …………………………………… 4

どうぞのいす …………………………………… 5
発展・保育のヒント 「絵本をどうぞ」のいすコーナー …………… 12

ぽんたのじどうはんばいき …………………… 15
発展・保育のヒント ぽんたのじどうはんばいきあそび ………… 22

うさぎのダンス ………………………………… 25
発展・保育のヒント ポンちゃんのニンジンレストランぬり絵 …… 34

ゆうびんうさぎとおおかみがぶり ………… 37
発展・保育のヒント おおかみがぶりにお手紙を出そう! ………… 46

パネルシアターQ&A …………………… 14 24 36 48

作りかた・演じかた・型紙 ……………………… 49
　　絵人形を作ろう ……………………………… 50
　　ステージを作ろう …………………………… 52
　　演じてみよう ………………………………… 54
　　型紙 …………………………………………… 56

この本の使いかた

この本には、表題にもなっている『どうぞのいす』をはじめ、
絵本を原作とした4つのお話を収録しました。
それぞれのシナリオで、保育者がどのように演じたらよいのかを、
わかりやすく示すため、場面ごとに写真で順を追って展開しています。

❀ 歌が出てくるお話は、楽譜を掲載しています。振りつけがあるお話は、シナリオの中に盛り込んであります。

❀ パネルシアターを楽しんだあと、劇あそびやごっこあそびへと発展させていける保育の「発展・保育のヒント」を紹介しています。

❀ 絵人形作りのコツから、演じるときのポイントなど、パネルシアターに関するさまざまな疑問に、Q&A形式でお答えしています。

❀ パネルシアターを行うまでの流れを、絵人形を作るところから、舞台の設置のしかた、演じかた、絵人形の保存方法まで、イラストや写真を使って細かく説明しています。

❀ 各作品に登場する絵人形の型紙を収録しました。型紙を200%に拡大するだけで、簡単に絵人形を作ることができます。

❀ 絵人形のしかけについては、型紙ページで詳しく解説しています。

かわいい動物たちが、続々と登場！

どうぞのいす

うさぎさんの作ったいすに、つぎつぎと
おいしそうな食べものが登場する繰り返しの楽しいお話です。
動物たちの特徴をふまえた上で、
声や話しかたに変化をつけて演じましょう。

原作・香山美子／パネルシアター構成・阿部　恵
キャラクター原案・柿本幸造／絵人形製作・小島みはる

1

●うさぎを出して、金づちを持たせる。
ナレーション　トントントン　トントントン
　　　　　　　うさぎさんが、小さないすを作りました。
●いすを出す。
ナレーション　ほらね。
●指をさして強調する。
ナレーション　うさぎさんが作ったしるしに、
　　　　　　　短いしっぽをつけました。
●金づちをはずして、いすを持たせる。
ナレーション　ほらね。
うさぎ　　　　できた！

2

うさぎ　　　　さて、このいす。
　　　　　　　どこに置こうかな……。そうだ。
ナレーション　うさぎさんは、
　　　　　　　いいことを考えました。
●うさぎに立て札を持たせながら
ナレーション　どうぞのいす、と書いてある
　　　　　　　立て札を作ったのです。

立て札を作ったのです

3

ナレーション　そして、野原の方まで歩いていきました。
●木を出しながら
ナレーション　大きな木のところまで来ると、
●立て札を立てる。
ナレーション　立て札を立てて
●いすを置く。
ナレーション　いすを置きました。
うさぎ　　　　どなたでも、どうぞ。
ナレーション　そう言うと、
　　　　　　　うさぎさんは帰って行きました。
●うさぎをはずす。

絵本「どうぞのいす」
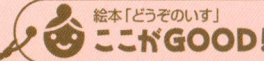
「どうぞ座ってください」から「どうぞ食べてください」のいすに変わる話の展開がおもしろく、次はどんな動物かなと期待しながら見ました。絵や文からは、思いやりの気持ちが感じられました。

4
- ●ろばを出しながら
- ナレーション 大きな木の近くに
はじめにやってきたのは
ろばさんです。
- ●どんぐりをセットしたかごを出す。
- ナレーション ろばさんは、
どんぐりをいっぱい拾って
家に帰るところでした。
- ろば おや、どうぞのいすだって。
なんて親切な
いすなんだろう。

point 動物ごとの特徴をふまえ、声や話しかたで変化をつけるとよいでしょう。

おや、どうぞのいすだって

5
- ●どんぐりのかごをいすの上にのせながら
- ろば どっこいしょ。
ここに置かせてもらって……。
ひと休み。
- ●ろばを木のほうに移動させて、眠ったろばと入れ替える。
- ナレーション ろばさんは木の下で
横になりました。
木の下は、日陰でとても
気持ちがよかったので、
ろばさんはいつの間にか
クークーお昼寝を始めました。

ろばさんは木の下で横になりました

 絵本「どうぞのいす」
ここがGOOD! 絵がかわいくて、タッチも優しい。「食べて違うものを置く」の繰り返しがよかったです。絵が大きく、遠くからでも見やすいですね。

6

- ●くまを出す。
- ナレーション　そこへくまさんがやってきました。
- ●はちみつのびんを出しながら
- ナレーション　手には、はちみつの入ったびんを持っています。
- くま　これはいい。どうぞのいすだって。どんぐり大好き！どうぞならば遠慮なくいただきましょう。
- ●はちみつのびんを足元にうつす。

どうぞならば
遠慮なく
いただきましょう

7

- ●かごからどんぐりをとって、食べる動作をしてはずす。
- くま　うんうん、おいしい。おいしい、おいしい。

point　見ている子どもも食べたくなってしまうくらい、おいしさを強調しましょう。

- ナレーション　くまさんはとうとう全部食べてしまいました。
- くま　でも、からっぽにしてしまっては、後から来る人にお気の毒。
- ●はちみつのびんをかごに入れながら
- ナレーション　そう言うとくまさんは、持っていたはちみつのびんをかごに入れて、歩いて行きました。
- ●くまをはずす。

おいしい
おいしい

絵本「どうぞのいす」
ここがGOOD!　絵の雰囲気が温かくていいですね。自分のことだけでなく、次の人のことも考えてあげるという優しさが伝わってきました。「どうぞ」という心づかいを学べる絵本だと思います。

8

ナレーション　そんなことは知らないろばさんは、
　　　　　　　クークーお昼寝。
● きつねを出しながら
ナレーション　続いてやってきたのはきつねさん。
● パンを持たせる。
ナレーション　手には焼きたてのパンを持っています。
きつね　　　まあ、どうぞのいすですって。
　　　　　　はちみつ大好き！
　　　　　　どうぞならいただきましょう。
● パンを足元に置いて

続いて
やってきたのは
きつねさん

どうぞのいす

9

● かごからはちみつのびんを出してなめる動作をする。
きつね　　　ぺろぺろ　おいしい。
　　　　　　おいしい　おいしい。
● びんを裏返して
ナレーション　きつねさんは、はちみつを
　　　　　　全部なめてしまいました。
● びんをいすの近くに置いて
きつね　　　でも、からっぽにしてしまっては
　　　　　　後から来る人にお気の毒。
● パンをかごに1本入れながら
ナレーション　きつねさんは、持っていた
　　　　　　焼きたてパンを
　　　　　　1本かごに入れて行きました。

おいしい！

10

ナレーション　そんなことは知らないろばさんは、
　　　　　　まだお昼寝。
● 10匹のりすを出しながら
ナレーション　きつねさんの次にやってきたのは
　　　　　　10匹のりすさん。
● くりを出す。
ナレーション　くりをいっぱい拾って持っています。
りす　　　　どうぞのいすだって。ぼくたち、
　　　　　　くりは拾いながら食べたけど
　　　　　　パンはまだ食べてない。
　　　　　　パンはみんな大好き！
　　　　　　どうぞならばいただきましょう。
● かごからパンを取って、りすに10個のパン切れを持たせる。

きつねさんの次にやってきたのは
10匹のりすさん

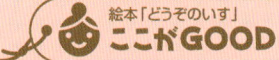

絵本「どうぞのいす」
ここがGOOD!
うさぎが作ったのだとイメージできるいすがよかったです。それぞれの動物が代わりの物を置いていくのが、次に続いていておもしろいですね。最初しか登場しないうさぎですが、その優しさは最後まで感じられました。

11

ナレーション　10匹のりすはパンを10個に分けると、
　　　　　　ぱくぱく　おいしい　おいしい　おいしいと、
　　　　　　たちまちパンを食べてしまいました。

point　「おいしい　おいしい」とりすを何匹か動かして、食べているところを表現するとよいでしょう。

●パンをはずす。
ナレーション　ほらね。
りす　　　　でも、空っぽにしてしまっては、
　　　　　　後から来る人にお気の毒。
●くりをかごに入れながら
ナレーション　りすは、持っていたくりを
　　　　　　かごにいっぱい入れて行きました。
●りすをはずしながら
りす　　　　帰ろう、帰ろう……。

おいしい！　ぱくぱく

12

●眠ったろばと起きているろばを入れ替えながら
ろば　　　　うー、ふわあー。
　　　　　　あーあ、少し休み過ぎたかな。
ナレーション　目が覚めたろばさんは、どうぞのいすに
　　　　　　近づくとかごをのぞいてびっくり。
ろば　　　　あれれれえ。小さかったどんぐりがいつの間
　　　　　　にか大きなくりになってる。どんぐりって
　　　　　　もしかしたらくりの赤ちゃんだったかしら。

point　少し間をおいて、子どもの反応を確かめてもよいでしょう。

●くりをセットしたかごを持つ。
ナレーション　まさか！　違いますよね。
　　　　　　ろばさんのお昼寝が少し長すぎたんですよね。
●くりの入ったかごをろばに持たせて
ナレーション　ろばさんは、うれしそうに
　　　　　　帰って行きました。

どんぐりって
くりの赤ちゃん
だったかしら

13

●ろば、かごを移動する。
ナレーション　大きな木の下に残ったのは、
　　　　　　どうぞのいすと立て札と、
　　　　　　あのはちみつの入っていた
　　　　　　からっぽのびん。
●いすと立て札とびんをはずし、
　木と夕焼けの情景画をゆっくり入れ替えながら
ナレーション　もうお日さまも西のお空に
　　　　　　沈みそうです。
　　　　　　明日はだれが来るのかな？
●うたを歌い、余韻を持たせて終わる。

♪どうぞ　どうぞ
どうぞのいすです

どなたでもどうぞ
どなたでもどうぞ

絵本「どうぞのいす」**ここがGOOD！**　いすがものを交換する場となるという繰り返しのある話で、とても楽しく読めました。最後にろばが起きて、「どんぐりってくりの赤ちゃんだったかしら？」という発想が気に入りました。

♪どうぞのいす

作詞 阿部 恵　作曲 中郡利彦

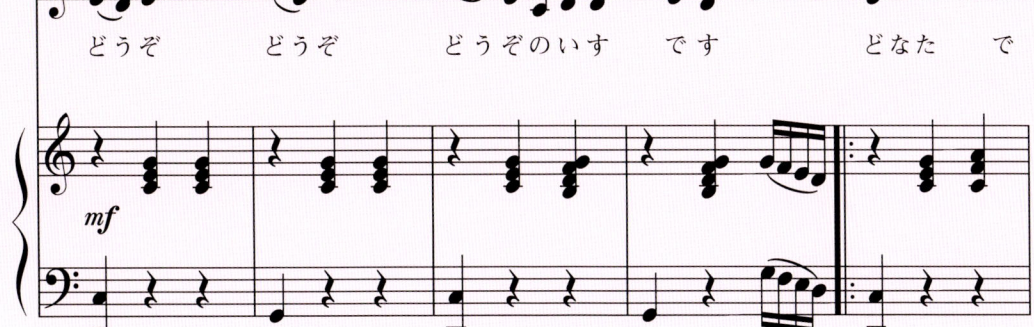

どうぞ　　どうぞ　　どうぞのいす　です　　どなた　で

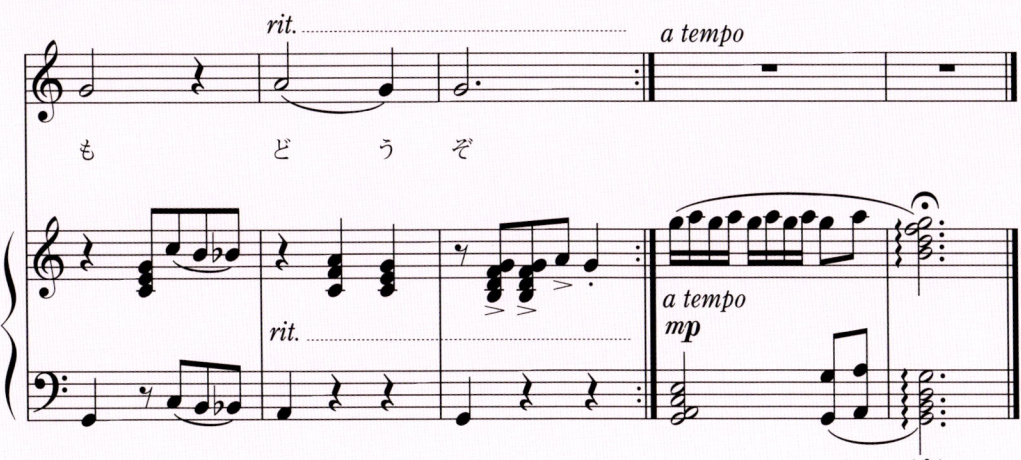

も　どうぞ

『どうぞのいす』
作／香山美子　絵／柿本幸造

うさぎさんが作った小さないすと、「どうぞのいす」と書いた立て札にまつわる、動物たちの思いやりにあふれたお話。小さな子にもわかりやすい繰り返しのおもしろさと、ほのぼのとした絵も魅力。ほかの人を"思いやる"優しい気持ちがいっぱいです。

ひさかたチャイルド刊　本体1,000円+税

●このパネルシアターの絵人形の作りかたと型紙は、56〜60ページに掲載しています。

チャイルド社営業員またはもよりの書店にご注文ください。

発展・保育のヒント | 保育室にも"どうぞのいす"が登場！子どもたちは大喜びです。

「絵本をどうぞ」のいすコーナー

遊びかた

1 保育室の一角にコーナーを作る

保育室の一角に、じゅうたんと、ちょっとオシャレないすを用意して「絵本をどうぞ」のコーナーを作ります。

2 いすの上にはおすすめ絵本を！

いすの上には、保育者がそのときどきのおすすめの絵本を、数冊選んでのせておきます。

3 好きな絵本をどうぞ！

子どもたちは、好きな絵本を自由に手にして楽しみます。

用意するもの

看板画　　　　　いす　　　　　いすの背シール

どうぞのいす

ポイント1　コーナーは机といすで作ってもOK

コーナーは、幼児用の机といすでもよいでしょう。絵本を机の上に置いておけば、子どもたちはいすに座って楽しめます。

ポイント2　子どもたちのおすすめ絵本を持ちよってもすてき！

年中・年長くらいでしたら、自分のおすすめ絵本を家庭から持ってきて、いすや机の上に置いておき、友達に見てもらってもよいでしょう。

型紙は、61ページにあります。

パネルシアター Q&A

Q. パネルシアターを演じる上で いちばん大切なことは なんですか？

A. 自分なりの "ねがい" を持って 演じることが大切です。

　演じる作品を通して、子どもたちに何を伝えたいか、どのような楽しみかたができるのかなど、演じ手が自分なりのねがいをはっきりと持って子どもたちの前に立つことがいちばん大切です。保育者が意識していないことは、子どもたちにも伝わらないからです。

　パネルシアターを演じるとき、楽しさを共有したいというねがいを持つかたも多いでしょう。それには、まず保育者自身が楽しまなくてはなりません。「間違えないように」や「じょうずに」といった気持ちが、つい先になりがちですが、楽しさの意識がなくなってしまわないようにしましょう。

Q. 演じ手である保育者が、 パネルの前に出て行っても いいのですか？

A. パネルの前は、子どもたちの反応に 合わせやすい場所。ぜひ出て行ってください。

　パネルと演じ手との位置は、演じ手が右利きならパネルに向かって右側になるのが自然です。これは人形が出しやすく、操作がしやすいから。絵人形を持って歌ったり、語ったりするときには、むしろ前に出たほうが、子どもたちを引きつけやすく、子どもたちも安定して見ることができます。

　また、パネル横に立つと、どうしても操作だけに神経を使いがち。それがパネルの前に出ると、子どもたちの反応に合わせようという意識がはたらくようになるのです。保育を行うのはパネルシアターではなく保育者。ぜひ、場面に応じてパネルの前に出て、子どもたちと共鳴しながら演じてください。

子どもたちといっしょにじゅもんのうたを歌いながら……

ぽんたの じどうはんばいき

ぽんたが作ったのは、ほしいものが出てくる自動販売機。
ほしいものを手にしたときの動物たちの喜びを
表情豊かに元気よく演じましょう。

原作・加藤ますみ／パネルシアター構成・阿部　恵
キャラクター原案・水野二郎／絵人形製作・冬野いちこ

1

●タイトルを持って中央に立つ。

ナレーション 「ぽんたのじどうはんばいき」。
あるところにたぬきのぽんたが
いましたよ。
ぽんたはきのう、ふもとの村で
不思議なものを見ました。
それは自動販売機です。
お金を入れると、
いろいろなものが出てくるんです。

ぽんた すごいなー。
そうだ、いいことを思いついた。

●タイトルを中央にはって、木と草むらを出す。

ナレーション ぽんたは森に帰ってくると、
自動販売機を作ることにしました。

2

●ぽんたとタイトルを入れ替えながら

ぽんた さあ、できた！

ナレーション いったい、
どんな自動販売機が
できたのでしょう。

●自動販売機を出しながら

ナレーション わあー、
すてきな自動販売機！

ぽんた ここに置けば、
みんなが通るよ。
はり紙も出して。

●はり紙を出して、
自動販売機のツメにセットする。

ぽんた よいしょ、よいしょ。
これでいいや。

ナレーション 「うえのくちから
はっぱをいれて
ほしいものを
いってください。」
はり紙には
そう書いてあります。

わぁー、すてきな自動販売機！

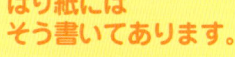 絵本「ぽんたのじどうはんばいき」
ここがGOOD！ ぽんたの優しい気持ちが伝わってくるし、「ぽぽんのぽぽんで…」のじゅもんもリズミカルで楽しい。物語の温かさとタッチや色づかいの優しさがマッチした、かわいいすてきな一冊だと思います。

3
● ぽんたを自動販売機に隠しながら
ぽんた　早くだれか来ないかな？
ナレーション　ぽんたが自動販売機の後ろに隠れて待っていると──
● ライオンを出しながら
ナレーション　来ました、来ました、いばりんぼうのライオンくんがやってきました。
● 自動販売機の右にはる。
ライオン　なんだって、自動販売機？「うえのくちから　はっぱをいれて　ほしいものを　いってください。」おもしろそうだ、やってみよう。

point　いばりんぼうのライオンらしい、えらそうな話しかたで

ぽんたのじどうはんばいき

4
● 葉っぱを持ち、自動販売機に入れる動作をしてはずす。
ナレーション　ライオンくんは、葉っぱを入れて言いました。
ライオン　ライオンは動物の王様だ。王様の冠がほしいぞ。
ナレーション　すると、どうでしょう。
● 動作を入れながらリズミカルに歌う。

♪ぽんぽんぽんた
　ぽぽんのぽんで　かんむり
　ころころころころ♪

♪ぽんぽん　ぽんた
ぽぽんのぽんで♪

♪かんむり
ころころころころ♪

♪ぽんたの じどうはんばいき

作　阿部　恵

| ぽんぽんぽん た　ぽぽん のぽん で　かん むり　　ころころころ ころ |

絵本「ぽんたのじどうはんばいき」 **ここがGOOD!**　ぽんたの自動販売機に対する興味に共感できたと同時に、動物たちがほしいものを手に入れたときの喜びや、葉っぱが変化するところに魅力を感じました。また、ぽんたの思いやりの気持ちに好感を持ちました。

5

- ●冠を自動販売機の口に持っていき、転がるように出す。
- ナレーション　りっぱな冠が出てきました。
- ●ライオンを裏返し、冠をかぶせて、はずす。
- ナレーション　ライオンくんは
　　　　　　　冠をかぶると、大喜び。
　　　　　　　得意そうに歩いていきました。

point　得意そうに、はじまで歩かせてから
　　　　　はずしましょう。

冠が出てきた！

6

- ●ぽんたを自動販売機から少し引き出して
- ぽんた　　うふふふ、うまくいったよ。
　　　　　　あっ、向こうからまただれか来たみたい。
- ●ぽんたを自動販売機に隠し、きつね1、2を出す。
- ナレーション　やってきたのは、きつねの女の子たちです。
- きつね1　まぁ、なんでもほしいものを出してくれるのね。
- きつね2　葉っぱを入れましょう。
- ●葉っぱを入れる動作をして、はずす。
- きつね1　私たちにおそろいの首飾りを出してちょうだい。
- きつね2　ちょうだい。
- ●自動販売機を裏返して

point　裏返した自動販売機は、きつねの女の子にかぶせるようにして置くと自動販売機の後ろ側という雰囲気が出ます。

- ナレーション　ぽんたは自動販売機の後ろで、
　　　　　　　きつねさんたちの言葉を聞きました。

7

- ●きつねが入れた葉っぱ2枚を出す。
- ぽんた　　今度は首飾りか、簡単、簡単。
- ●ぽんたの頭と口に葉っぱをはる。
- ナレーション　ぽんたは頭に葉っぱを1枚、口に1枚くわえると、
- ●動作を入れながらリズミカルに歌う。

　　♪ぽんぽんぽんた　ぽぽんのぽんで
　　　くびかざりふたつ　ころころころころ♪

point　2回目からは、子どもといっしょに歌ってもよいでしょう。

- ●きつねの葉っぱと首飾りを入れ替える。
- ナレーション　きれいな首飾りになりました。
- ぽんた　　さあ、これでいいぞ。
- ●頭と口の葉っぱをはずして、自動販売機を元に戻す。

ころころころころ♪

絵本「ぽんたのじどうはんばいき」
ここがGOOD!　次にやってくる動物が小さく描かれているので、それを見つけたときの子どもの喜びの反応が大きい。

8

| きつね1 | まあ、きれい！ |
| きつね2 | おそろい、おそろい、うれしいわ。 |

●首飾りをきつねの首につけながら
ナレーション　きつねさんたちは首飾りをつけてみました。
きつね1　こんなきれいな首飾り、だれも持ってないわ。
きつね2　みんなに見せてあげましょう。
●きつね1、2をはずす。
ナレーション　うれしそうに歩いていきました。
●さるを出しながら
ナレーション　すると、向こうからさるくんの泣き声が聞こえてきました。

きれいな首飾りね！

首飾りを左右に開いて、きつねの首につける。

ぽんたのじどうはんばいき

9

さる　痛いよ、痛いよ、あーん、歯が痛いよう。
ナレーション　さるくんは自動販売機を見つけると、すぐに葉っぱを入れました。
●葉っぱを入れる動作をして
さる　ぼく、お薬がほしい。歯が痛いのが治るお薬がほしい。
ナレーション　ぽんたは困りました。お薬なんて作ったことがありません。でも、すぐにいいことを思いつきました。
●札を出す。
ナレーション　「しばらくおまちください。」という札を出すと、急いで出かけて戻ってきました。
●ぽんたを自動販売機から出し、駆けていく動作をしてまた戻す。
●動作を入れながらリズミカルに歌う。
♪ぽんぽんぽんた　ぽぽんのぽんで　歯が痛くなくなる葉っぱ　ころころころころ♪

痛いよー！

急げ〜！

絵本「ぽんたのじどうはんばいき」
ここがGOOD！　しかけがあり、同じ絵の中で変化するところがおもしろいです。ぽんたがかけるじゅもんは、子どもといっしょに歌ってもおもしろい。読みやすく、絵もかわいい、楽しい絵本でした。

10

- ●さるを裏返して笑い顔にし、ゆっくりはずす。
- ナレーション あらっ、さるくんがにこにこしながら帰っていきますよ。実は、ぽんたが出したものは、歯の痛さがなくなる葉っぱでした。ぽんたも歯が痛いときに、痛いところにはったことを思い出したのです。
- ぽんた さるくんが喜んでくれてよかった。痛い歯が早く治りますように。
- ナレーション しばらくすると、またダれかがやってきました。リボンをつけた、かわいいたぬきの女の子です。
- ●ぽんこを出す。

11

- ぽんた あれ！ あの子、知らない子だよ。どこから来たのかな。
- ナレーション たぬきの女の子は、はり紙を見ると、そうっと葉っぱを1枚入れました。
- ●葉っぱを入れる動作をして、はずす。
- ぽんこ 私、お友達がいないの。お友達をください。

> **point** 思いつめたような声で、ひかえめに

- ぽんた ええっ！ お友達だって！ そんなものできっこないよ。どうしよう。
- ●自動販売機を裏返す。
- ナレーション ぽんたはすっかり困ってしまいました。

お友達をください

12

- ●ぽんたを裏返して、自動販売機からのぞかせながら
- ナレーション ぽんたがのぞいてみると、たぬきの女の子は、真剣な顔でじっと待っています。
- ●ぽんたを正面に向けて
- ぽんた どうしよう……。できません、なんて言えないし……困ったなあ。そうだ！
- ナレーション そのとき、ぽんたはいいことを思いつきました。
- ●動作を入れながらリズミカルに歌う。

　　♪ぽんぽんぽんた　ぽぽんのぽんで
　　　　友達　　　　ころころころころ♪

絵本「ぽんたのじどうはんばいき」 ここがGOOD！ さまざまな動物たちのやりとりがおもしろかったです。難しい注文でぽんたが困ってしまうようすや、ものがどんなふうに変化するかなど、いろいろ楽しめました。子どもたちが、自動販売機に興味を持つきっかけにもなりそうですね。

13

● 自動販売機を元に戻しながら、
　ぽんたを出す。

ナレーション 　恥ずかしかったけれど、
　　　　　　　ぽんたは自動販売機の
　　　　　　　前に飛び出しました。

ぽんた　こんにちは、
　　　　　ぼく、ぽんた。

● ぽんたとぽんこを持ちながら

ぽんこ　あら、私、ぽんこ。
　　　　　お友達ができて、
　　　　　うれしいわ。

point 友達ができた喜びを、元気な声で表しましょう。

ぽんた　ぼくも……。

● ぽんたとぽんこを後ろ姿にする。

ナレーション　ぽんたとぽんこは、
　　　　　　　すっかり仲よし。
　　　　　　　手をつないで、森の奥へ
　　　　　　　駆けていきました。

● ぽんたとぽんこをはずす。

ぼく、ぽんた！　　私、ぽんこ！

ぽんたのじどうはんばいき

14

● はり紙を替えながら

ナレーション　次の日、自動販売機のはり紙が、
　　　　　　　こんなふうに替わっていました。
　　　　　　　「こわれました。もうなにもでません。」
　　　　　　　おしまい。

おしまい

● このパネルシアターの絵人形の作りかたと型紙は、62〜69ページに掲載しています。

『ぽんたのじどうはんばいき』 作／加藤ますみ　絵／水野二郎

たぬきのぽんたが作ったのは、葉っぱを好きなものに変えてくれる、まるで魔法の自動販売機！　森の動物たちがほしがるものを、がんばって作ったり、探そうとしたり、ぽんたの優しさが伝わってきます。

ひさかたチャイルド刊　本体800円+税

チャイルド社営業員またはもよりの書店にご注文ください。

発展・保育のヒント ミニ自動販売機でも十分楽しめますが、「もっと大きいのを作ろうよ！」なんて声が子どもたちからあがったら、劇あそびにも挑戦！

ぽんたの じどうはんばいきあそび

遊びかた

1 段ボール箱で自動販売機を作る

適当な大きさの段ボール箱で自動販売機を作りましょう。ロールペーパーや乳酸菌飲料の空き容器を利用して飲みものを作り、ぽんた役の子が売り手になります。

2 お客さん「どれにしようかな？」

お客さんは、広告紙などで葉っぱのお金を作り、投入口に入れて、何がほしいかを言います。

3 売り手の子は「はい、どうぞ！」

売り手の子は♪ぽぽんのぽんで　じゅーす　ころころころころ♪と歌いながら、お客さん役の子どもが希望した飲みものを下の口から出します。

用意するもの

自動販売機
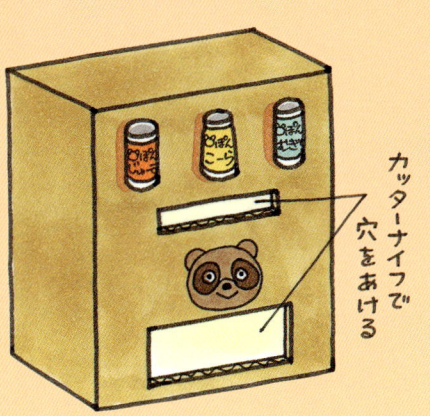

ぽんた飲料

ぽんたのお面

ぽんたのじどうはんばいき

ポイント1　まずは、サッと作って遊んでみよう！

自動販売機は、いきなり凝ったものを作るのではなく、サッと作って遊ぶところから始めましょう。

ポイント2　子どもたちのアイデアであそびを広げよう！

子どもたちのアイデアを次々とあそびの中に生かしていくと、ごっこあそびから、オリジナルの劇あそびなどにつながっていきます。

型紙は、70ページにあります。

パネルシアター Q&A

Q. 演じている途中、子どもたちが前に出てきてしまいます。どうしたらいい?

A. あらかじめ予測して、受け入れてあげて。そしてその行動を、おおいに認めてあげましょう。

　パネルシアターを目にする機会が少なかったり、興味深いしかけがあったりすれば、子どもは前に出て触ってみたくなるのが自然のなりゆきです。「どのタイミングで出てくるかな?」「興味を持って1番に出てくるのはだれかな? ○○ちゃんかな」というように、予測をして演じてみてください。

　絵人形がパネルにくっつくのを確かめたがる子どもには、絵人形を貸してあげてください。子どもなりにいろいろ試してみるはずです。しかけに興味を持った子は、どうなっているのかを熱心に聞いてきます。いずれも、自分で試して納得すると、だんだんそういった行動も少なくなってきます。

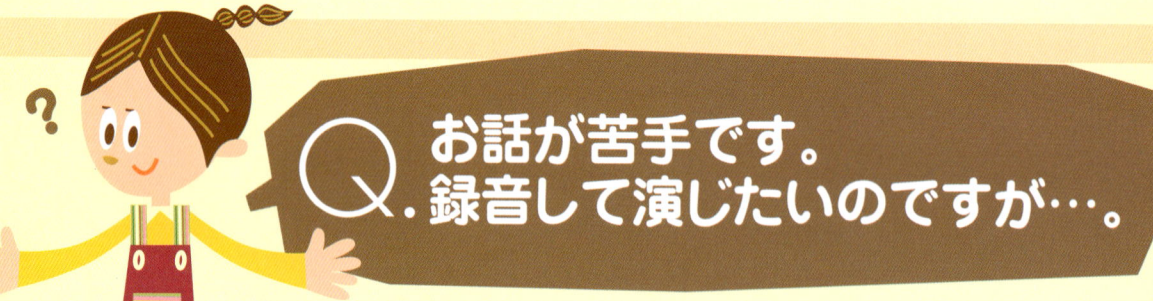

Q. お話が苦手です。録音して演じたいのですが…。

A. できれば生の声で演じて、子どもたちの反応を受けとめてあげましょう。

　録音も悪くありませんが、保育のなかでは、できれば保育者が生の声で演じてください。直接語りかけられる声と、機械を通した声では温かみが違いますし、録音では子どもたちの反応に応えることができません。子どもたちの反応に合わせてその声を受けとめてあげるのが、保育者の使命だと私は考えています。

　お話やうたが苦手だという人のなかには、「じょうずにやらなくては!」という思いが強い人が多いようですね。でも、保育のなかではじょうずに演じることよりも、子どもたちとじょうずに触れ合うことのほうが大切。気楽にかまえて、演じることを楽しんでみてください。

たぬきのポンちゃんが、うさぎに大変身!?

うさぎのダンス

うさぎの仲間に入って踊りたがっているポンちゃん。
うさぎに変身するために、
嫌いなニンジンを毎日食べてと大奮闘!
しかけをスムーズにこなしながら、楽しく演じましょう。

原作・キャラクター原案・彩樹かれん／パネルシアター構成・阿部　恵
絵人形製作・小島みはる

1

● 夕焼け空①、②、ポンちゃんを出しながら

ナレーション 夕焼けのきれいな帰り道、子だぬきのポンちゃんが歩いていました。すると、どこからか楽しそうな笑い声が聞こえてきます。

ポンちゃん あれ？　なんだろう。どこから聞こえてくるのかな。

point お話の始まりです。興味津々なようすで。

● ポンちゃんを場面下に移動させる。

あれ？なんだろう

2

● うさぎのダンスをセットした草むら①、② *1 を出す。

ナレーション ポンちゃんが探していると、後ろの草むらから声が聞こえてきます。

ポンちゃん ここだな！

● ポンちゃんを裏返す。

＊1 うさぎのダンスが隠れるように、草むら①、②を左右組み合わせて上からはります。

うさぎのダンス
草むら①　草むら②

ここだな！

絵本「うさぎのダンス」 **ここがGOOD!** うさぎといっしょに踊りたいポンちゃんの懸命な姿がかわいらしく、思わず応援したくなりました。繊細な絵もすてきで、楽しいだけでなく、読んでいてほっとできる絵本です。

3

●草むら①、②をそっと開けながら

ナレーション　ポンちゃんが草をかきわけてみると……

ポンちゃん　わーっ！　うさぎさんだ。楽しそう。

point　うさぎのダンスに魅了されているようすを出しましょう。

ナレーション　そうです。うさぎたちが楽しそうに踊っていました。

●ポンちゃんを表にして、草むら①、②を元に戻し、うさぎのダンス、夕焼け空①、②といっしょにはずす。

わーっ！うさぎさんだ

4

●ポンちゃんを中央にうつして

ポンちゃん　ぼくもいっしょにうさぎのダンス、踊りたいなぁ。……でも、ぼくたぬきだから、入れてくれないかもしれない。

ナレーション　ポンちゃんは一生懸命考えました。

ポンちゃん　そうだ！　葉っぱを1枚のっけて……。

●葉っぱ①をポンちゃんの頭にのせる。

葉っぱを1枚のっけて……

5

●腹鼓を打つ動作を入れながらじゅもんを唱える。

ハレハレ　ポンポン　ハレ　ポンポン！
ハレハレ　ポンポン　ハレ　ポンポン！

point　子どもたちといっしょにやってみても楽しいでしょう。

●ポンちゃんと葉っぱ①をいっしょに持ってはずしながら

ポンちゃん　うさぎになぁーれ！

ハレハレポンポン

ハレポンポン！

うさぎのダンス

絵本「うさぎのダンス」　ここがGOOD！　「見かけで判断しないこと」をこの物語は伝えているのだと感じました。最後にポンちゃんが楽しさのあまり、姿が元に戻ってしまったのは、ポンちゃんらしくて思わず笑ってしまいました。

6

- ●変身ポンちゃん①をセットした煙＊2を出す。

  ナレーション　ボン！！

- ●ゆっくり煙をはずす。

  ポンちゃん　失敗！
  　　　　　　お耳が長くない！

  ナレーション　顔やしっぽはいいけど
  　　　　　　耳や体の色は
  　　　　　　ポンちゃんのままだね。

＊2
煙でポンちゃんがおおわれるようにセットします。
ポンちゃん
煙

7

- ●変身ポンちゃん①とポンちゃんを入れ替える。

  ポンちゃん　それじゃあ今度は……。

- ●葉っぱを出して

  ポンちゃん　この葉っぱで挑戦！
  　　　　　　そうだお耳が長くなるように

- ●葉っぱを耳にうつして、じゅもんを唱えながら腹鼓を打つ。

  ハレハレ　ポンポン　ハレ　ポンポン！
  ハレハレ　ポンポン　ハレ　ポンポン！

- ●ポンちゃんと葉っぱ②をいっしょに持ってはずしながら

  ポンちゃん　お耳長くなーれ！

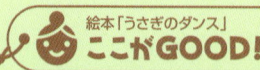

絵本「うさぎのダンス」ここがGOOD!　うさぎたちと一緒に踊っているポンちゃんは本当に楽しそう。最後、たぬきに戻ってしまってもいっしょに踊ってくれたうさぎたちは、変身しなくてもきっと踊ってくれたのだろうと思いました。

8

●変身ポンちゃん②をセットした煙を出す。
ナレーション　ボン！！
●ゆっくりと煙をはずしながら

point　耳だけ出たところでいったんとめて、子どもの反応を見てもよいでしょう。

ポンちゃん　やった！
ナレーション　でも……、こんどはしっぽとお顔はもとのまんま。
ポンちゃん　困ったなぁ。

9

●変身ポンちゃん②とポンちゃんを入れ替える。
ポンちゃん　よし今度こそ！
●変身ポンちゃん③、④、⑤を出しながら
ナレーション　ボン！！　ボン！！　ボン！！
でも何度やっても、うまくいきません。
●変身ポンちゃん③、④、⑤をはずしながら
ポンちゃん　どうしたらうまく変身できるかなぁ……。
●ポンちゃんのつぶった目を重ねる。
ナレーション　ポンちゃんはずっと考えました。ひと晩中考えました。

重ねる

絵本「うさぎのダンス」 **ここがGOOD!**　簡単なしかけがあり、わくわくしながら楽しめました。嫌いなものを毎日食べたら変身できるなんて、達成感が味わえますね。最後は姿を気にせず楽しく遊んでいてよかったです。

うさぎのダンス

10

- ●お父さんとお母さんを出して

ナレーション　そして次の日の朝

ポンちゃん　おはよう！　ママ。
ぼく、きょうからニンジン食べるからね。
ぼくね、うさぎさんといっしょに踊りたいの。

ナレーション　ニンジンの嫌いなポンちゃんだったから、お父さんもお母さんもびっくり！

- ●お父さんとお母さんをはずす。

11

- ●ニンジンの食事やデザートをつぎつぎと出しながら

ナレーション　それからの食事は
ニンジンのサラダ、
ニンジンのグラタン、
ニンジンスパゲティ…。
デザートは
ニンジンゼリー
ニンジンケーキ
ニンジンジュース
ニンジンのアイス……。
毎日、ニンジン、ニンジン、ニンジンです。

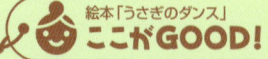

絵本「うさぎのダンス」ここがGOOD！　夕暮れの幻想的な絵と、ポンちゃんの家での絵のギャップがおもしろいですね。ポンちゃんの努力のようすがかわいらしく、うさぎとポンちゃんのダンス場面では友情がすてきでした。

12

- ●ニンジンの食事やデザートをはずしながら
- ポンちゃん　でもぼく、うさぎさんに変身したいからがんばる！よし、今度こそ……。
- ●ニンジンの葉を頭にのせて
- ポンちゃん　ニンジンの葉っぱをのせて……。
- ●同様にじゅもんを唱えながら腹鼓を打つ。
  ハレハレ　ポンポン　ハレ　ポンポン！
  ハレハレ　ポンポン　ハレ　ポンポン！
- ●ニンジンの葉とポンちゃんをはずしながら
- ポンちゃん　うさぎさんになぁーれ！

13

- ●うさぎに変身したポンちゃんをセットした煙を出す。
- ナレーション　ボーン！！
- ●ゆっくり煙をはずしながら
- ナレーション　さぁ今度は……
- ポンちゃん　やったー！　大成功！

14

- ポンちゃん　わーい、うさぎさんたちといっしょに踊れるんだ！
- ●夕焼け①、②を出しながら
- ナレーション　ポンちゃんはうれしくて、夕焼けの下を駆け出しました。
- ●ポンちゃんを少し駆けさせた後、はずす。

うさぎのダンス

絵本「うさぎのダンス」
ここがGOOD!　とてもかわいい本で気に入っています。ポンちゃんが何度も変身を失敗するのがおもしろいし、じゅもんを子どもといっしょに言って楽しみたいですね。しかけや絵の小さな工夫を見つけるのも楽しいです。

15

- ●うさぎのダンスをセットした草むら①、②を出しながら
- ナレーション　そして、あの草むらのところまでやってきましたよ。
- ●ゆっくり草むら①、②を開けながら
- ナレーション　うさぎさんのダンスは？ポンちゃんはいるかな？
- ●草むらをゆっくりはずす。

ポンちゃんはいるかな？

16

- ナレーション　いましたうさぎさん。楽しそうにダンスを踊っています。ポンちゃんは……。
- ●うさぎのダンスの差し込みを引いてポンちゃんを出す。
- ナレーション　いました、いました。楽しそうに踊っています。だれもポンちゃんがたぬきだなんて気がつきません。ポンちゃんは楽しくて夢中で踊りました。
- ●夕焼け①、②をはずす。

いました いました

開く

絵本「うさぎのダンス」　ここがGOOD!　私もニンジンが嫌いだけれど、望みがかなうなら頑張って食べられるかもしれないと思いました。努力しているポンちゃんがとてもかわいかったです。

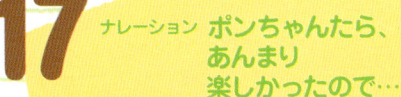

17

ナレーション　ポンちゃんたら、あんまり楽しかったので…

●ポンちゃんを差し込みから抜いて、裏返しながら…

ナレーション　あら、あらー。いつの間にか、元の姿になっていましたよ。

●満月を出しながら

ナレーション　それはそれは、きれいな満月の夜でした。

 余韻を残して終わりましょう。

それは、きれいな満月の夜でした

小さい両面ポンちゃんは、表がうさぎに変身したポンちゃんで、裏がたぬきに戻ってしまったポンちゃん。裏返して使います。

うさぎのダンス

『うさぎのダンス』　作・絵／彩樹かれん

うさぎのダンスを見かけた子だぬきのポンちゃん。仲間に入りたくてうさぎに化けようとしますが、うまくいかずに、苦手なニンジンをたくさん食べて再挑戦！　なかなかうさぎに化けられないポンちゃんの変身シーンが笑いを誘い、しかけも楽しめます。

ひさかたチャイルド刊　本体1,000円+税

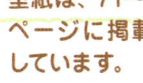●このパネルシアターの絵人形の作りかたと型紙は、71～80ページに掲載しています。

| 発展・保育のヒント | ニンジンが大好きになったポンちゃん。ニンジンレストランを開店しました。おいしそうなメニューがたくさんありますよ。 |

ポンちゃんの
ニンジンレストランぬり絵

遊びかた

1 メニューを選ぶ

ポンちゃんのニンジンレストランのメニューを見て、好きな食べものを選び、ぬり絵の用紙を取り出します。

2 ぬり絵をする

カラーペンやクレヨンなどで、自由に着色し完成させます。

3 できあがったぬり絵で、ごっこあそび。壁面にしても OK!

友達といっしょにレストランごっこをしたり、プレゼントしたりして遊びます。壁面にも利用できます。

用意するもの

ポンちゃんのニンジンレストランメニュー

紙人形をコピーして着色して作る

食べもののぬり絵用紙各種

ポイント1 メニューは子どもたちといっしょに考えよう！

ぬり絵の用紙やメニューの食べもの、デザート・ドリンクなどは、パネルシアターの絵人形の型紙をそのまま利用できます。また、子どもたちといろいろなニンジンメニューを考えてみましょう。

ポイント2 壁面にはって飾りましょう！

子どもたちが着色したぬり絵を使って、壁面を飾っても楽しいでしょう。

うさぎのダンス

型紙は、80〜81ページにあります。

パネルシアター Q&A

Q. 絵人形の色ぬり、ポスターカラーでなくてはだめですか？

A. いちばん適しているのはやはりポスターカラーです。

　水彩絵の具にアクリル絵の具、油性ペン、クレヨンなど画材にはいろいろありますが、もっとも適しているのはポスターカラーです。不織布への色の定着度、遠目でもよく見える発色のよさ、パネルへのつきやすさ、鑑賞にたえられる美しさ、汚れにくさ、経済性などを比較すると、ポスターカラーにかなうものはないと言ってもいいくらいです。

　パネルシアターは、使い捨てではない自作の児童文化財であり、長く使える教材でもあります。自分の財産を増やす気持ちで、ていねいに愛着を持って作りたいですね。

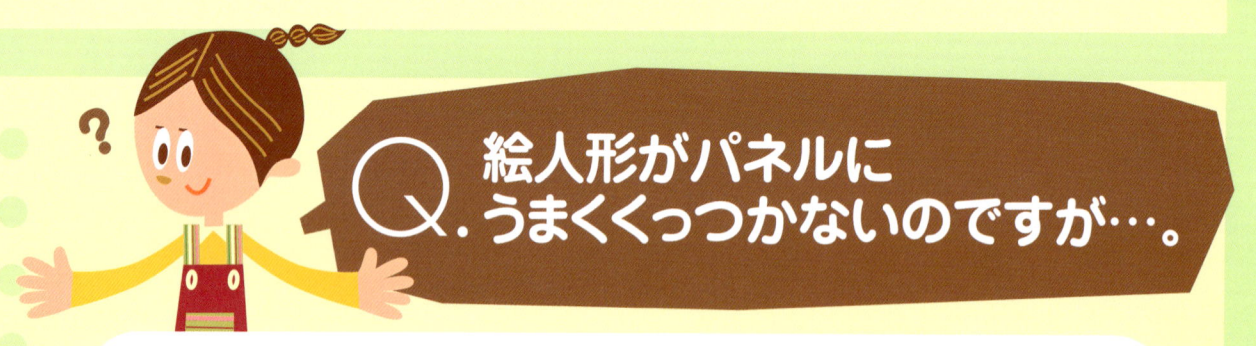

Q. 絵人形がパネルにうまくくっつかないのですが…。

A. 不織布は適したものを使っていますか？ 絵人形の曲がりぐせにも注意しましょう。

　絵人形がパネルにつきにくいときは、まず不織布をチェックしてみてください。不織布は用途に応じてたくさんの種類がありますが、パネルシアターに向いているのは2～3種類のみだと言われています。パネルシアター用不織布として販売されているものでも、あまり適さないものがあります。専門の保育業者の製品を購入して使ってみてください。

　また、落下しやすいいちばんの原因は曲がりぐせです。作る前や製作過程で、不織布を丸めて保存してしまうと、できあがってからいくら平らにしておいても、曲がりぐせはなかなか直らないので注意したいですね。

さみしがりやのおおかみに、手紙を届けよう！

ゆうびんうさぎと おおかみがぶり

らんぼうでおこりんぼうの"おおかみがぶり"に、
手紙を届けに行かなければならない"ゆうびんうさぎ"の運命は……！
リズミカルな言葉やユニークな擬音を強調しながら
メリハリをつけて演じましょう。

原作・木暮正夫／パネルシアター構成・阿部　恵
キャラクター原案・黒井　健／絵人形製作・冬野いちこ

1

● まんまるやまとさんかくやまを出しながら
ナレーション あるところに、まんまるやまと さんかくやまがありました。

● 指をさして強調する。
ナレーション ほらね。

● 郵便局を出しながら
ナレーション そのふたつの山の間に、小さな郵便局がぽつんとあります。「ふたつやまゆうびんきょく」です。

● ゆうびんうさぎAを手に持って
ナレーション この郵便局の局長さんは、早足が自慢の、うさぎのはやきち。でもみんなから "ゆうびんうさぎ" と呼ばれていました。

みんなから "ゆうびんうさぎ" と呼ばれていました

2

● ゆうびんうさぎAを中央にはり、まんまるやま、さんかくやま、郵便局をはずしながら
ゆうびんうさぎ さぁ、今日も元気いっぱい。はりきって仕事をしよう！

point 元気な声で、後に出てくる "しょんぼりした声" とコントラストをつけましょう。

ナレーション ゆうびんうさぎは、局の仕事を全部ひとりで引き受けています。

● 手紙をつぎつぎとはりながら
ナレーション ぽん　ぽぽん　ぽん　ぽん　ぽぽん　ぽん

point 動きと言葉をリズミカルに

ゆうびんうさぎ 今朝も調子がいいぞ。
ナレーション ゆうびんうさぎははりきって、手紙にスタンプを押していきました。

調子がいいぞ

絵本「ゆうびんうさぎとおおかみがぶり」
ここがGOOD! 登場人物の不安や寂しさ、うれしさなどの心情がよく伝わってきて、感情移入してしまいました。冬の山の話ですが、最後は心がぽかぽかと温かくなりますね。

3

- ●おおかみがぶりの手紙の裏を出す。
- ナレーション　すると、見かけない手紙が一通混ざっていました。あて先を読んだゆうびんうさぎは、びっくりぎょうてん。

- ●ゆうびんうさぎAに驚いた表情A'を重ねながら
- ゆうびんうさぎ　ええっ！　これは大変。どうしよう……。

- ●耳のポーズを取りながら
- ナレーション　いつも折れている耳が、ぴょーんと伸びました。どうしてかというと、手紙のあて先はなんとなんと……。

ぴょーんと伸びました

4

- ●手紙を表にしてあて名を見せながら
- ナレーション　さんかくやまの「おおかみがぶりさま」だったのです。
- ゆうびんうさぎ　配達に行って、がぶっとかじられたらどうしよう……。

- ●おおかみがぶりAを持ちながら
- ナレーション　がぶりは、らんぼうでいばりんぼうです。

- ●おおかみがぶりAのポーズで歌う。
- ナレーション　♪おれさま　がぶり がぶり
  らんぼうもので　いばりんぼう
  がぶりと　かじって　いっひっひー
  がぶりと　かじって　うっふっふー

- ●おおかみがぶりA、手紙をはずしながら
- ナレーション　だから、山のみんなから怖がられたり、嫌われたりしていたのです。

point　「がぶっと」「とぼとぼ」「ぴゅーん」など、たくさん出てくる擬音を強調して楽しみましょう。

♪おれさま　がぶり　がぶり
らんぼうもので
いばりんぼう

ゆうびんうさぎとおおかみがぶり

絵本「ゆうびんうさぎとおおかみがぶり」
ここがGOOD!　昔はおおかみといえば悪役が多かったのですが、最近は、本当は優しくて寂しがりやという話が増えた気がします。いつも意地悪に思える子も、本当は優しい子だということがよく表現されている作品だと感じます。

5

● ゆうびんうさぎAを
　ゆうびんうさぎBと入れ替えながら

ナレーション　それでも、だいじな郵便配達を
　　　　　　　休むわけにはいきません。

ゆうびんうさぎ　がぶりのところへ行くのは、
　　　　　　　　いやだなぁ……。

point　ゆうびんうさぎの心情を表現しましょう。

ナレーション　いつもなら自慢の早足で、
　　　　　　　山道をとんとんかけていくのに、
　　　　　　　今日はてくてくとぼとぼ。

いやだなぁ……

6

● ふうおばさんの手紙を出して、元気なく

ゆうびんうさぎ　ふうおばさん、郵便です。

● ふうおばさん(表)を出して、手紙をうつす。

ふうおばさん　はいごくろうさま。
　　　　　　　おや、顔色がよくないけど、
　　　　　　　何か心配ごと？

ナレーション　そこでゆうびんうさぎが
　　　　　　　わけを話すと

ふうおばさん　まあ、がぶりのところへ。
　　　　　　　かじられないように
　　　　　　　気をつけてちょうだいね。

● ふうおばさんと手紙をはずす。

ナレーション　ふうおばさんは心配しながら
　　　　　　　言いました。

かじられないように
気をつけて
ちょうだいね

7

● つねおさんの手紙を出す。

ナレーション　こんどはきつねのつねおさんの
　　　　　　　ところにやってきました。

● つねおさん(表)を出して手紙を渡しながら

つねおさん　あぶない、あぶない。
　　　　　　配達するのはやめたらどう？
　　　　　　それにしても、いったいだれが、
　　　　　　がぶりに手紙を書いたのかなぁ……。

● つねおさんと手紙をはずす。

ナレーション　だれが書いた手紙でも、
　　　　　　　ゆうびんうさぎは
　　　　　　　配達しなければなりません。
　　　　　　　それが仕事ですから。

あぶない、
あぶない

絵本「ゆうびんうさぎとおおかみがぶり」　「おおかみがぶり」の名前がユーモラス。いろいろな動物がさまざまな人格を表しているようで楽しくわかりやすかっ
ここがGOOD!　たです。ハッピーエンドはやっぱりいいなぁ、と思います。

8

● ししおばさんの手紙を出す。
ゆうびんうさぎ　ししおばさん、郵便ですよ。

● ししおばさん（表）を出して、手紙をうつす。
ししおばさん　はーい、ごくろうさま。あれ？
　　　　　　　いつもの元気はどうしたの？
ナレーション　ゆうびんうさぎは、
　　　　　　　いのししのししおばさんにも
　　　　　　　話しました。
ししおばさん　それは心配ね。手紙を置いたら、
　　　　　　　いちもくさんにぴゅーんと
　　　　　　　逃げて帰ることですよ。

● ししおばさんと手紙をはずす。

> ぴゅーんと
> 逃げて帰る
> ことですよ

9

● りすの兄弟、いたちのおじさんを出しながら
ナレーション　ゆうびんうさぎは、りすの兄弟や
　　　　　　　いたちのおじさんにも
　　　　　　　言われました。

● りすの兄弟に手紙を渡す。
りすの兄弟　ああ、怖い。
　　　　　　用心第一、逃げるが勝ち。

● いたちのおじさんに手紙を渡す。
いたちの　　がぶりのところか……。
おじさん　　とにかく逃げて、
　　　　　　きみにけがでもされると、
　　　　　　山のみんなが困るんだからね。

● りすの兄弟と手紙、
　　いたちのおじさんと手紙をはずす。

> みんなが
> 困るんだからね

ゆうびんうさぎとおおかみがぶり

10

● 木を出しながら
ナレーション　配達を続けていくうちに、
　　　　　　　さんかくやまのがぶりの家が
　　　　　　　だんだん近くなってきました。
　　　　　　　おっかなびっくり、
　　　　　　　さんかくやまを
　　　　　　　登って行くと……。

● おおかみがぶりBを出す。
ナレーション　突然木の陰から、
　　　　　　　がぶりが現れました。
ゆうびんうさぎ　ひゃあーっ！　出たぁ！
おおかみ　　　何を驚いているんだい。
がぶり　　　　郵便配達ごくろうさん。
　　　　　　　おれにも手紙を届けに
　　　　　　　来てくれたんだろう？

> ひゃあーっ！
> 出たぁ！

> 郵便配達
> ごくろうさん

絵本「ゆうびんうさぎとおおかみがぶり」
ここがGOOD!　手描きの感じが出ている味わい深いタッチで、よい絵本だと思った。おおかみの家に配達に行く前に、怖いおおかみの絵があり、怖さがよく伝わってきた。

11

ナレーション　でも、がぶりはどうして
　　　　　　手紙がくることを
　　　　　　知っていたのでしょう。

ゆうびんうさぎ　は、はい。
　　　　　　　　がぶりさん、手紙です。

> **point**　不安でふるえ上がったような声で。

●がぶりに手紙を渡す。

おおかみ
がぶり　　ふん、自分で自分に
　　　　　出した手紙なんて、もらっても
　　　　　全然うれしくないや。
　　　　　あーあ、だれか本当の手紙を
　　　　　くれないかなぁ。

●手紙を投げてはずす。

ナレーション　これはまたどうしたことか、
　　　　　　がぶりは手紙をぽいっと
　　　　　　捨ててしまいました。

ぽいっと　捨ててしまいました

12

ナレーション　そのうちにがぶりは、
　　　　　　めそめそしながら言いました。

●おおかみガブリBを持ってめそめそしながら

おおかみ
がぶり　　実は……おれ、一度も
　　　　　手紙をもらったことが
　　　　　ないんだ。
　　　　　それでむしゃくしゃして
　　　　　ついいばりちらしたり、
　　　　　らんぼうしたり
　　　　　してしまったんだ。

●おおかみがぶりをはる。

ゆうびんうさぎ　そうだったのか。
　　　　　　　　ようし、それなら
　　　　　　　　ぼくにまかせておいてよ。

> **point**　元のゆうびんうさぎに戻って元気よく。

●木やおおかみがぶりをはずしながら

ナレーション　えっさっさ　えっさっさ
　　　　　　ぴゅーん

一度も手紙を
もらったことが
ないんだ

絵本「ゆうびんうさぎとおおかみがぶり」　まんまるやまとさんかくやまがおもしろくて、見ていて笑顔になりました。来るあてがなくても、来たらうれしいなと
ここがGOOD!　思い待ってしまう手紙。みんなの優しさが感じられる絵本です。

13

ナレーション　ゆうびんうさぎは、大急ぎでさんかくやまを駆けおりました。

ゆうびんうさぎ　おーいみんなぁ。ちょっと集まってよう。

●仲間たちの裏を出しながら

仲間たち　ゆうびんうさぎが帰ってきたよ。ほんとだ。よかったね。わぁ、うれしいな。

ナレーション　そこでゆうびんうさぎは、山であったことを話してみんなに頼みました。

ゆうびんうさぎ　ねえ、みんなでがぶりに手紙を書いてほしいんだよ。そうすればきっと、がぶりも優しいおおかみになるよ。

> みんなでがぶりに手紙を書いてほしいんだよ

14

●仲間をはずしながら

仲間たち　いいよ、いいよ。さっそく書きましょう。がぶりに手紙なんて、わくわくするね。何を書こうかな。

●ゆうびんうさぎをはずしながら

ナレーション　その晩、ゆうびんうさぎも手紙を書きました。

●がぶりへの手紙をセットしたポストとゆうびんうさぎを出す。

ナレーション　次の朝、ゆうびんうさぎがポストを開けると……。

●ポストの中にセットした手紙を出す。

ナレーション　あります、あります。

ゆうびんうさぎとおおかみがぶり

ポストを開けると……

絵本「ゆうびんうさぎとおおかみがぶり」 ここがGOOD!　みんなに怖がられていたおおかみがぶりは、本当は優しくて寂しがりや。手紙をもらったことがない彼は、みんなからの手紙が本当にうれしかったのだなぁと思いました。

15

●手紙を1通ずつはりながら

ナレーション 「おおかみがぶりさま」
「おおかみがぶりさま」
「おおかみがぶりさま」
これもまた
「おおかみがぶりさま」

ゆうびんうさぎ わあい、こんなにある。

ナレーション ゆうびんうさぎは
うれしくなりました。

●手紙を集めて、かばんに入れる動作をして
ポストといっしょにはずす。

ゆうびんうさぎ よおし、行くぞー。

わあい、こんなにある

16

ナレーション ゆうびんうさぎは、
少しでも早くがぶりに
手紙を配達しようと、
自慢の早足で急ぎました。

●木を出す。

ゆうびんうさぎ おーい、がぶりくん。
みんなからの手紙だよう。
たくさんあるよう。

point 待ちきれずに、遠くから呼びかける
ように。

●おおかみがぶりBの裏面を出す。

おおかみ
がぶり えっ、ほんとう。
ありがとう、
ゆうびんうさぎくん。

おーい、がぶりくん

絵本「ゆうびんうさぎとおおかみがぶり」 ここがGOOD! 怖い、というイメージから一転して、とても寂しがりやだったことがわかったおおかみがぶり。ゆうびんうさぎのおかげで誤解も解けてよかったです。

17

●ゆうびんうさぎとおおかみがぶりを はずして、ふたりで手紙を見ている シーンに入れ替える。

おおかみ がぶり　手紙っていいな。 うれしいな。

ゆうびんうさぎ　返事を出すと、 また手紙が来るよ。

おおかみ がぶり　出すよ、出す。 全部の手紙に 返事を出すよ。

ナレーション　がぶりは みんなからの手紙に、 それはもうにこにこの ごきげんでした。 外の風は冷たくても、 がぶりの気持ちは ポカポカと温かでした。 いつまでもね。

がぶりの気持ちは ぽかぽかと温かでした

♪ おおかみがぶり

ユーモラスに　作詞 阿部 恵　作曲 中郡利彦

おれさま　がぶり がぶり

らんぼう もので　いばり んぼう

がぶり と かじって　いっ ひ ひー

がぶり と かじって　うっ ふ ふー

『ゆうびんうさぎとおおかみがぶり』

作／木暮正夫　絵／黒井 健

乱暴者のおおかみに、手紙を届けなければいけないゆうびんうさぎと、実はだれからも手紙がもらえない寂しさから乱暴になっていたおおかみ。友達ができないがぶりの寂しさに気づいたゆうびんうさぎと、森のみんなの優しさに、心温まるお話です。

ひさかたチャイルド刊　本体 1,000 円＋税

チャイルド社営業員またはもよりの書店にご注文ください。

●このパネルシアターの 絵人形の作りかたと型紙 は、82〜93ページに掲 載しています。

ゆうびんうさぎとおおかみがぶり

発展・保育のヒント みんなも"おおかみがぶり"に手紙を書いてみましょう。きっとがぶりは、大喜びしますよ。

おおかみがぶりに お手紙を出そう！

遊びかた

1 お手紙を書く

A5くらいの大きさに切ったポストカードを用意し、おおかみがぶりに手紙を書きます。手紙には、文字や絵など自由に書きましょう。

2 手紙を使って壁面を作る

書いた手紙を"がぶりの壁面"に構成し、みんなで楽しみます。

用意するもの

A5くらいに切ったポストカード（画用紙）

壁面にはるさんかくやまとおおかみがぶり

ポイント1 いろいろな形・色のポストカードを用意しよう

画用紙は、白や四角だけでなく、色画用紙を使ったり、ハート形に切ったりしても楽しいでしょう。

ポイント2 ポストカードを不織布で作るとシアターの中でも使えます

不織布を切ったポストカードを用意すると、パネルシアターの作品の中で生かすこともできます。

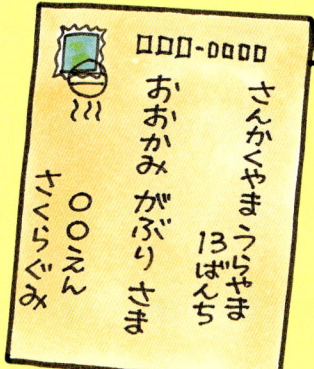

「わー、うれしいな！
○○○園のさくら組さんから届いたぞ。
なになに、○○○○○君から、ぼくの絵だー！」

ゆうびんうさぎとおおかみがぶり

型紙は、94～95ページにあります。

パネルシアター Q&A

Q. せっかく作ったのに、うまく実演できず眠ってしまった作品があるのですが…。

A. 作品は大切な財産。今は出番がなくても、活躍の機会に備えてとっておきましょう。

「そうそう、私も」とうなずくかたがたくさんいらっしゃるかと思います。実は、私もその一人。その時々で、魅力や必要性を感じて作ったパネルシアターなのに、練習不足だったり、子どもたちの興味をひかなかったりして実演がうまくいかなかった。それでお蔵入り…なんてこともありますよね。

でも、作ったからといって、無理に使うこともないのでは。今は眠ってしまっている作品でも、自分が作った立派な財産。いつかやってくるかもしれない活躍の機会に備えて、大切に取っておくことも尊いと思います。

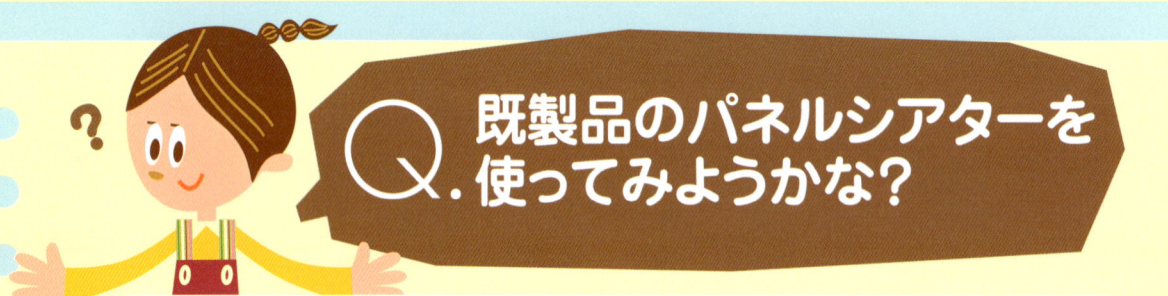

Q. 既製品のパネルシアターを使ってみようかな？

A. ぜひ手作りしてください。製作の苦労は、きっと喜びに変わります。

身近に既製品の作品で演じている人がいるので興味を持っているかたや、すでに既製品を利用しているけど「これでいいのかな？」と感じているかたに、私は手作りをおすすめしています。製作時間がないという声もありますが、1分でも2分でも時間は作ろうと思えばできるものです。それに、製作している時間は、決してむだなものではありません。

作品ができあがり、練習して子どもたちの前に立つ。そのときの、子どもたちの期待に満ちた目に出会えるだけでも、作った喜びは十分感じることができます。反応がよければ、天にも昇る気持ち。少しくらいの苦労も、後で振り返ると、喜びに思えるから不思議です。その喜びは、作った人だけのものなのです。

作りかた・演じかた・型紙

パネルシアターを演じるための準備です。
絵人形の作りかたから演じかたまで、順を追ってわかりやすく解説。
型紙つきなので、だれでも簡単に作ることができます。
ぜひ、保育の中で活用してください。

- 絵人形の作りかた
- ステージの作りかた
- 型紙
- 演じかた

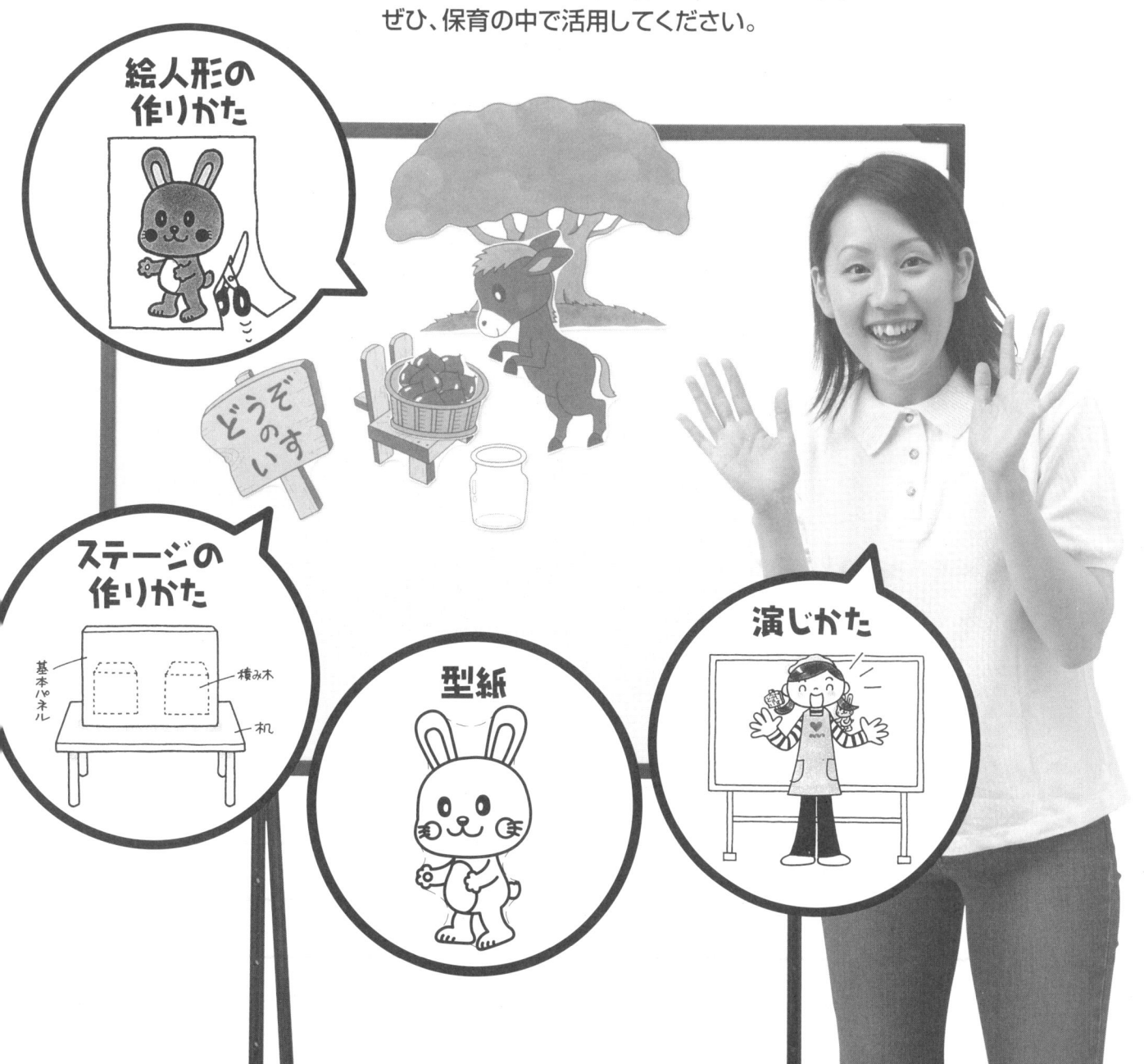

絵人形を作ろう

実際に絵人形を作ってみましょう。基本や大切なポイントをおさえれば、意外と簡単にできます。基本をマスターしたら、アレンジを加えて、オリジナルの絵人形も作れるようになります。

作りかたのポイント

1 縁どり線は、絵人形を動かしながら描く

油性フェルトペンで絵人形の縁どりをするときには、自分が描きやすい角度に絵人形を動かしながら描きましょう。絵人形を固定したままだと、苦手な角度の部分がうまく描けません。

2 ポスターカラーで着色する

着色はポスターカラーがベストですが、水彩絵の具でも代用できます。遠くからでもはっきりわかる明るい色づかいを心がけましょう。隣りあう色は、一方の色が乾いてからぬるのがポイント。

3 はり合わせた場合は、一晩重しをする

木工用ボンドではり合わせるしかけの絵人形は、必ず一晩重しをしてください。重しは、分厚い本などを利用するとよいでしょう。

4 余白を残して切る

絵人形の細かい部分は、絵人形の強度を保つために、縁どりに沿って切らず、余白を残して切り取ります。ただし、ほかの絵人形と組み合わせて使うような場合は、余白を残さずに切り取ることもあります。

❗ 表裏を使う絵人形は?

2枚の不織布をはり合わせる場合はスタンダード

下の絵人形のように、表裏2枚の不織布をはり合せて作る場合は、布の厚みが"スタンダード"の不織布を使います。

両面を別々に描いてはり合わせる

表裏に絵を描く場合は厚口

下の絵人形のように、表と裏に同じ絵を描く場合には、布の厚みが"厚口"の不織布を使います。

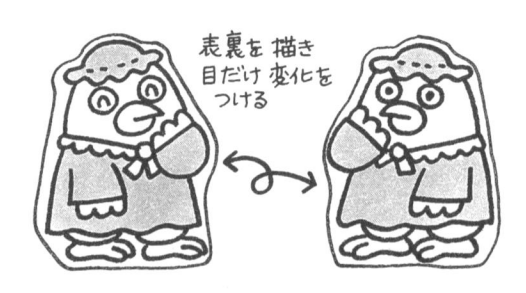

表裏を描き目だけ変化をつける

作りかたの手順

材料
- ★パネルシアター用不織布・スタンダード
- ★パネシアター用不織布・厚口
- ★ポスターカラーあるいは水彩絵の具
- ★筆（人工毛でこしのあるもの）
- ★筆ふき
- ★パレット
- ★はさみ
- ★油性フェルトペン（細・中太を3本ずつくらい）
- ★鉛筆（HB～2B）

❶ 型紙のコピーをとる

まずは、型紙のコピーをとります。本書の型紙はすべて、200％に拡大してコピーしてください。

❷ 絵を不織布に写す

コピーの上に不織布をのせ、透けて見えるコピーの絵を不織布に写しとります。

❸ 着色する

ポスターカラーまたは水彩絵の具で着色します。隣りあう色は、色が混ざらないよう、一方が乾いてからもう一方をぬっていきます。

❹ 油性フェルトペンで縁どりをする

着色した色が完全に乾いたら、油性フェルトペンで縁どりをします。細かな部分は、細いフェルトペンで描きましょう。遠くからでもわかるように、太い線ではっきりと描くことが大切です。

❺ 切り取る

縁どりに沿って、切り取ります。余白を残すところと、残さないところに注意して切り取りましょう。

❗ 絵人形の保存方法

大きめの封筒と角を丸くした厚紙を用意し、厚紙の上に絵人形をのせて封筒に入れます。封筒には、タイトルと絵人形の名前、演じるときの順番を書いておくと、紛失を防げると同時に、次に使うとき便利です。

ステージを作ろう

次は、演じるためのステージを用意しましょう。ステージは、市販のパネルステージを利用するほか、布やベニヤ板などを使って簡単に作る方法もあります。

市販のパネルステージを利用する!

市販されているパネルシアター用のパネルステージには、絵人形を置く台などもあります。作るのが大変だという場合には、これを利用すると便利です。

自分で基本パネルを作る!

材料
- ★パネル布またはフランネル地（90×120 cm）
- ★ベニヤ板またはスチロールパネル（80×110 cm）
- ★木工用ボンド
- ★布ガムテープ
- ★はさみ

❶ パネル布を用意する

パネル布（フランネル地）を用意して、しわをのばして平らに広げます。

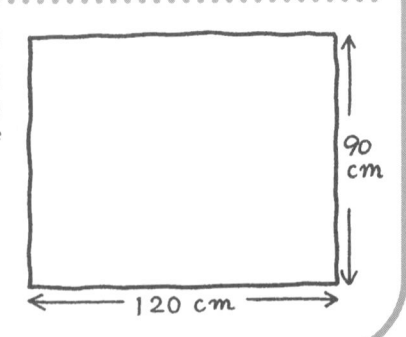

120 cm × 90 cm

❷ ベニヤ板をのせる

広げたパネル布（フランネル地）の中央にベニヤ板（スチロールパネル）をのせます。

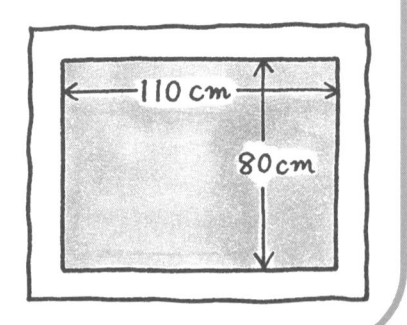

110 cm × 80 cm

❸ 木工用ボンドをぬる

右図のように、ベニヤ板（スチロールパネル）の斜線部分に木工用ボンドをぬります

❹ 貼りつける

パネル布（フランネル地）をぴんと張ってのばし、はみ出した部分を折り返して、ベニヤ板（スチロールパネル）にはりつけます。

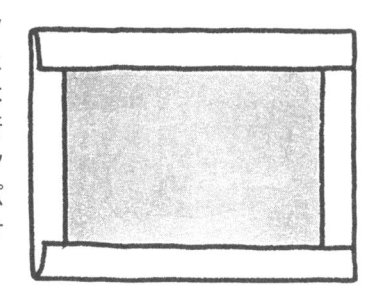

❺ 布ガムテープでとめる

折り返して、木工用ボンドではりつけた上から、布ガムテープをはって、しっかりととめます。

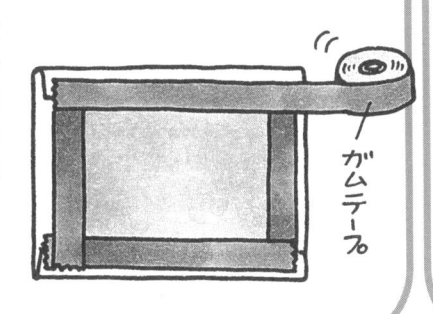

ガムテープ

❻ できあがり！

パネルを裏返せば、できあがりです。できあがったパネルボードが、80×110cmの基本パネルになります。

パネルを設置する

基本パネルができあがったら、机の上に設置しましょう。演じている途中でパネルが倒れたりしないように、積み木やガムテープでしっかりと固定します。机の後ろの見えないところに、絵人形を置けるスペースをあけておきましょう。

●正面から見ると

机の上にパネルステージが完成！

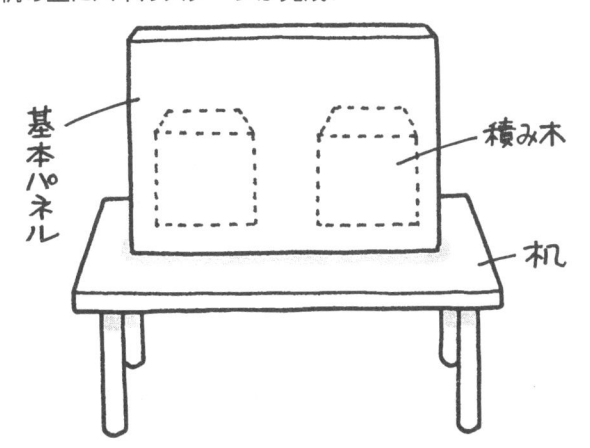

基本パネル／積み木／机

●後ろから見ると

前から見えないよう気をつけながら、しっかりと固定。後ろ側のスペースに絵人形を。

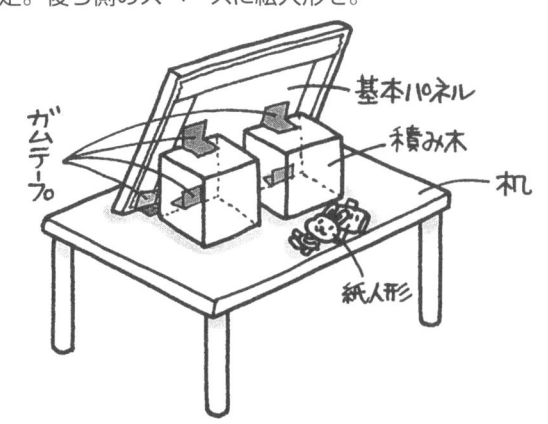

ガムテープ／基本パネル／積み木／机／紙人形

作りかた・型紙

不織布・ポスターカラー・筆・パネルステージなどは、もよりのチャイルド社までご注文ください。

演じてみよう

絵人形&ステージ作りができたら、いよいよ演じてみる番です。演じかたのポイントをおさえたら、あとはじょうずに演じようと頑張り過ぎないで、子どもといっしょに楽しむことが大切です。

POINT 1 ステージの右側に立つ

原則として右利きの人は、パネルに向かって右側に立って演じましょう。パネルの後ろにおいてある絵人形の出し入れがスムーズにできます。

POINT 2 語りのときには中央に立つ

絵人形の動きがなく、語る場面では、できるだけパネルの中央に立ちましょう。子どもたちの表情や反応がよくわかります。

POINT 3 表情豊かに、楽しく演じる

演じる人が表情豊かに、語ったり歌ったりするのを見ることは、子どもたちの豊かな感性を育むことにつながります。

POINT 4 子どもも参加できる雰囲気作りをする

ただ演じているのを見ているだけではなく、お話によっては、子どもたちが演じる場面を設けてもよいでしょう。応援のかけ声を入れたり、みんなで歌ったりなど、いっしょに作り上げていく楽しさを実感できます。

POINT 5 子どもたちの反応を確かめながら演じる

子どもたちの反応を見ることがいちばん大切です。子どもたちの反応をできるだけ受け止め、そのときの子どもたちの雰囲気に合わせて演じるように心がけましょう。

POINT 6 毎回、演じかたを変えてみる

同じ作品でも、違ったところにポイントをおいて演じてみましょう。内容が同じでも、演じかたや楽しみかたが変わって、新しい発見ができます。

どうぞのいす型紙

・型紙は200%に拡大して使用ください。
・厚口、スタンダードの表記は、使用する不織布の厚さを示します。

表裏
両面を描く →

どうぞのいす →
（厚口）

立て札 →
（スタンダード）

表裏
両面を描く →

↑ うさぎ （厚口）

型紙の記号について

型紙のなかで必要な事柄は、以下のように表しています。

使用する不織布の種類	- - - - - - 切り取り線
-・-・-・- 切り込み線	⊙　糸どめ位置

↑ どんぐり スタンダード
※色違いで2〜3種類作る

金づち → 厚口

← 表裏両面を描く

↑ ろば 厚口

↑ かご スタンダード ★

作りかた

かごの作りかた

＊木工用ボンドではり合わせた場合は、必ず一晩重しをしましょう。ほかの絵人形も同様です。

かごを製作し、切り込みを入れたら裏返して、斜線の部分に木工用ボンドをぬり、パネル布またはフランネルの上にのせてはりつけ、形にそって切る。

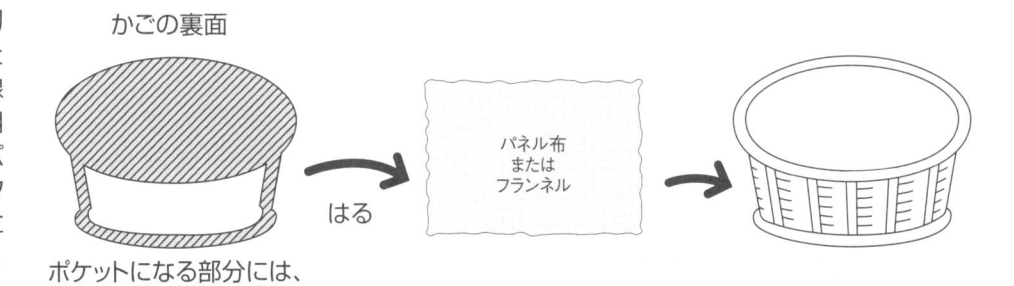

かごの裏面

ポケットになる部分には、木工用ボンドをぬらない

はる

パネル布またはフランネル

作りかた・型紙

どうぞのいす型紙

← ろば スタンダード

2本作ります

← パン 厚口

10個作ります

↑ パン切れ スタンダード

↓ はちみつのびん スタンダード

両面を別々に描いてはり合わせる

くま → 厚口

表裏両面を描く

作りかた

両面をはり合わせるポイント!

はり合わせる両方の裏面に木工用ボンドをぬり、表と裏がずれないように、きれいに合わせてはりましょう。

← きつね 厚口

表裏両面を描く

くり → 厚口

りす → 厚口

りすは合わせて10匹作ります

← 夕焼けの情景画 スタンダード

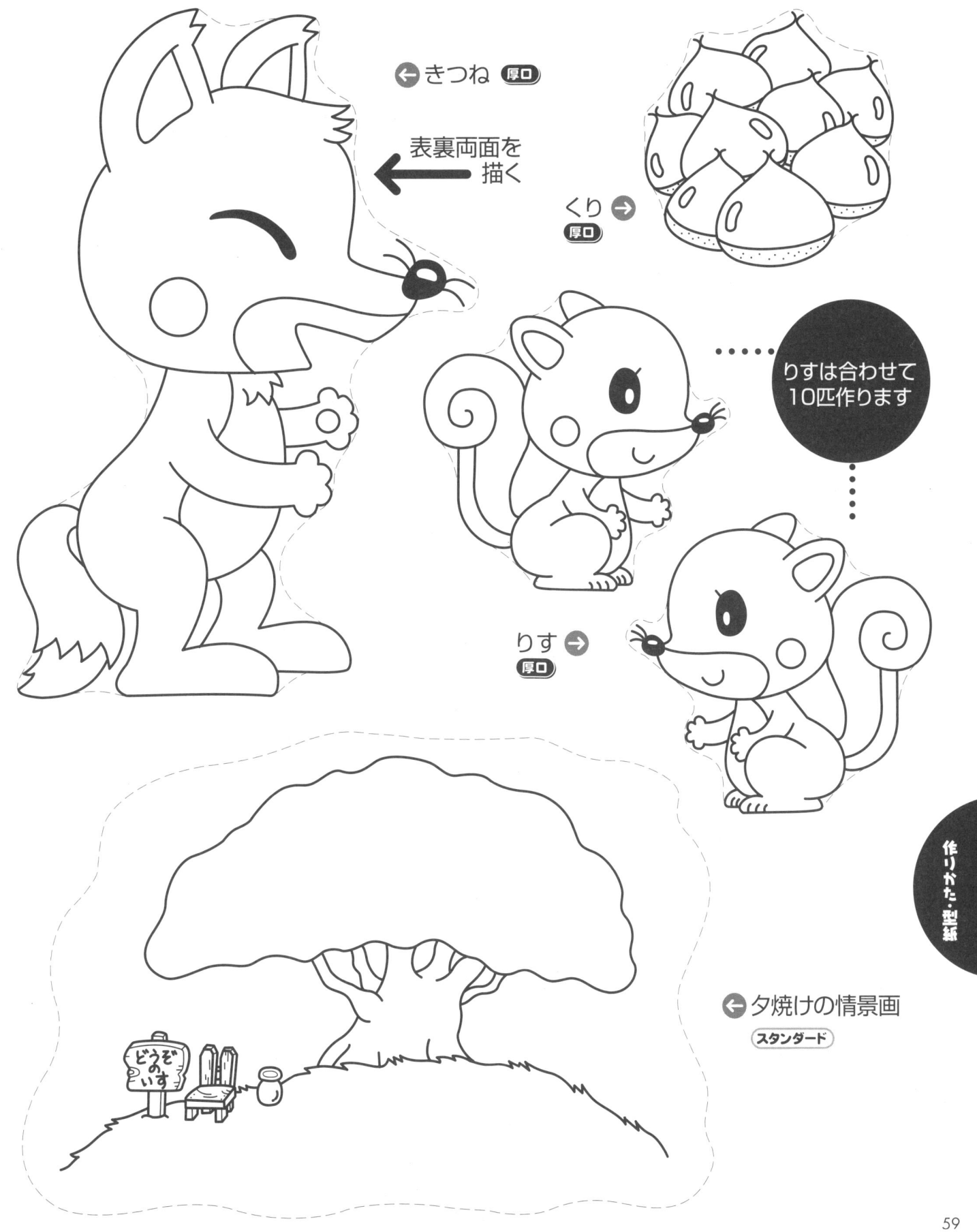

作りかた・型紙

どうぞのいす型紙

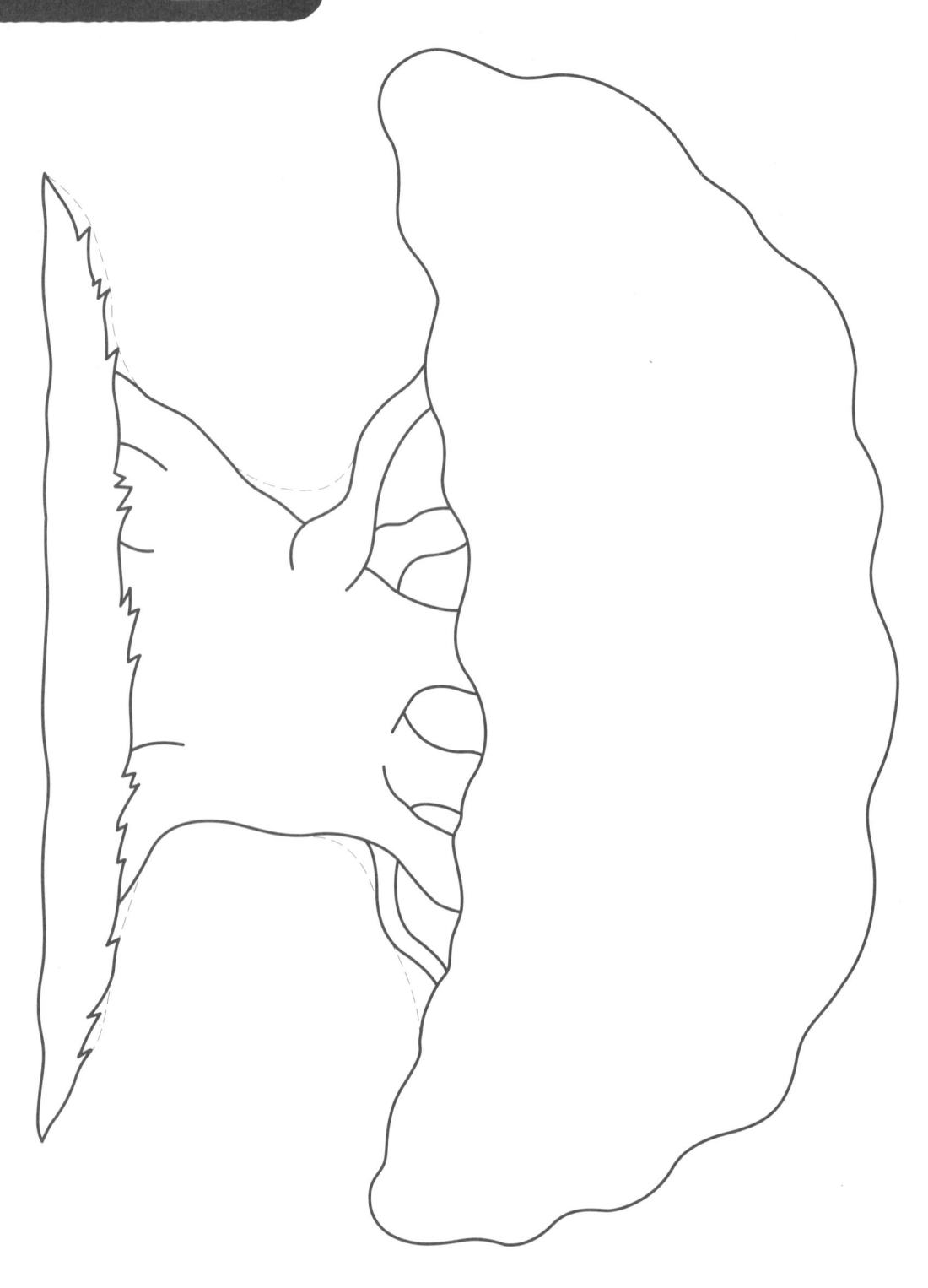

↑木 厚口

「絵本をどうぞ」のいすコーナー 型紙

えほんをどうぞの
いす

↑「絵本をどうぞ」のいす看板画

えほんをどうぞ
のいす

えほんをどうぞ
のいす

↑いすの背シール

ぽんたのじどうはんばいき型紙

・型紙は200%に拡大して使用ください。
・厚口、スタンダードの表記は、使用する不織布の厚さを示します。

型紙の記号について
型紙のなかで必要な事柄は、以下のように表しています。

- 使用する不織布の種類
- —・—・— 切り込み線
- ― ― ― 切り取り線
- ⊙ 糸どめ位置

タイトル → 厚口

ぽんたの じどうはんばいき

↑ 木③ スタンダード

↑ 木④ スタンダード

← 草むら スタンダード

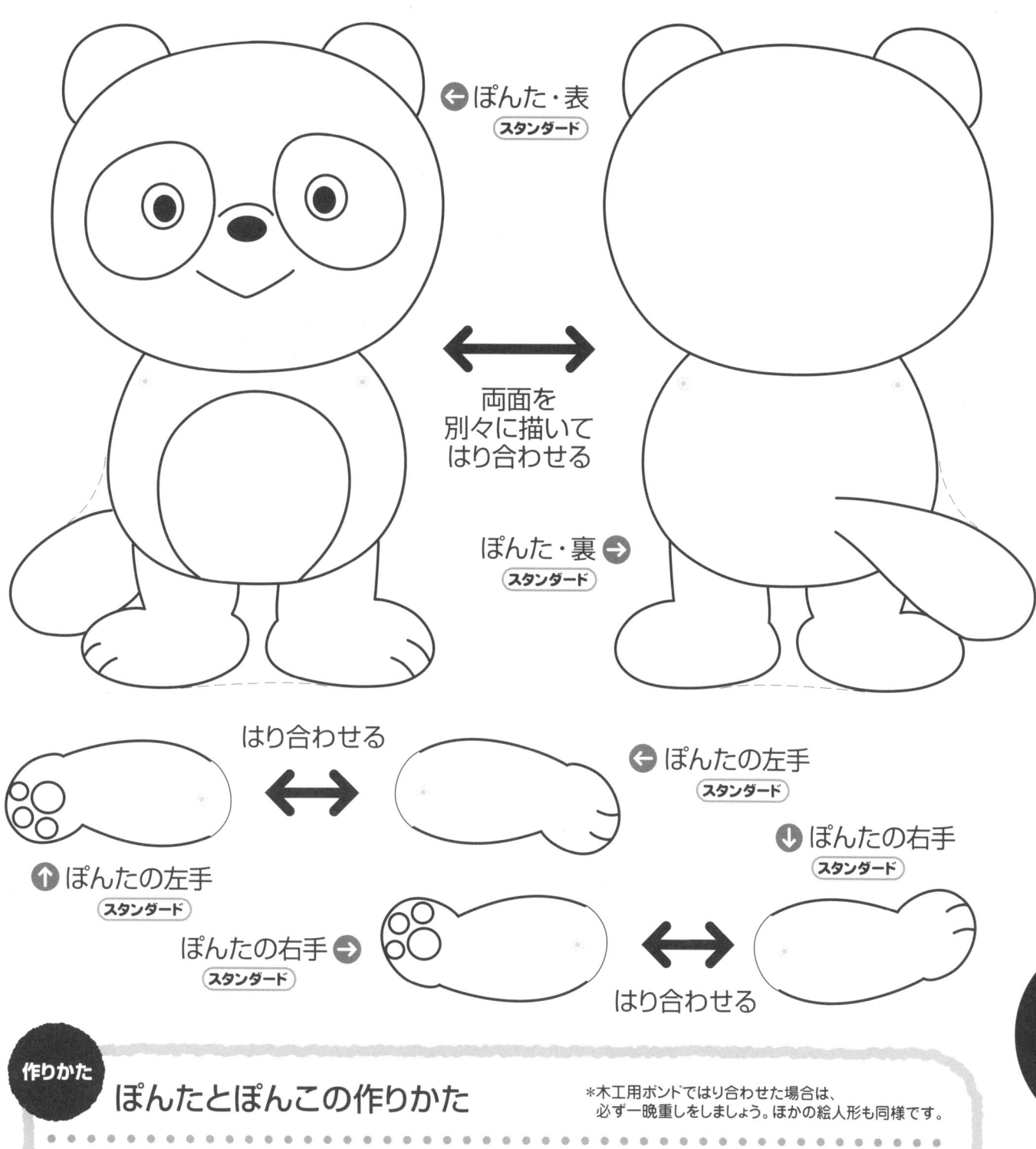

← ぽんた・表
スタンダード

↔ 両面を別々に描いてはり合わせる

ぽんた・裏 →
スタンダード

はり合わせる

← ぽんたの左手
スタンダード

↓ ぽんたの右手
スタンダード

↑ ぽんたの左手
スタンダード

ぽんたの右手 →
スタンダード

はり合わせる

作りかた

ぽんたとぽんこの作りかた

*木工用ボンドではり合わせた場合は、必ず一晩重しをしましょう。ほかの絵人形も同様です。

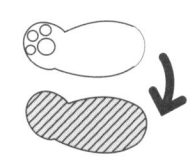

斜線部に木工用ボンドをぬり、表と裏をはり合わせる。手を動かすので腕の周辺にはボンドをぬらない。

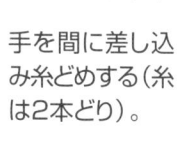

手を間に差し込み糸どめする（糸は2本どり）。

作りかた・型紙

ぽんたのじどうはんばいき型紙

⬇ 自動販売機・表 スタンダード

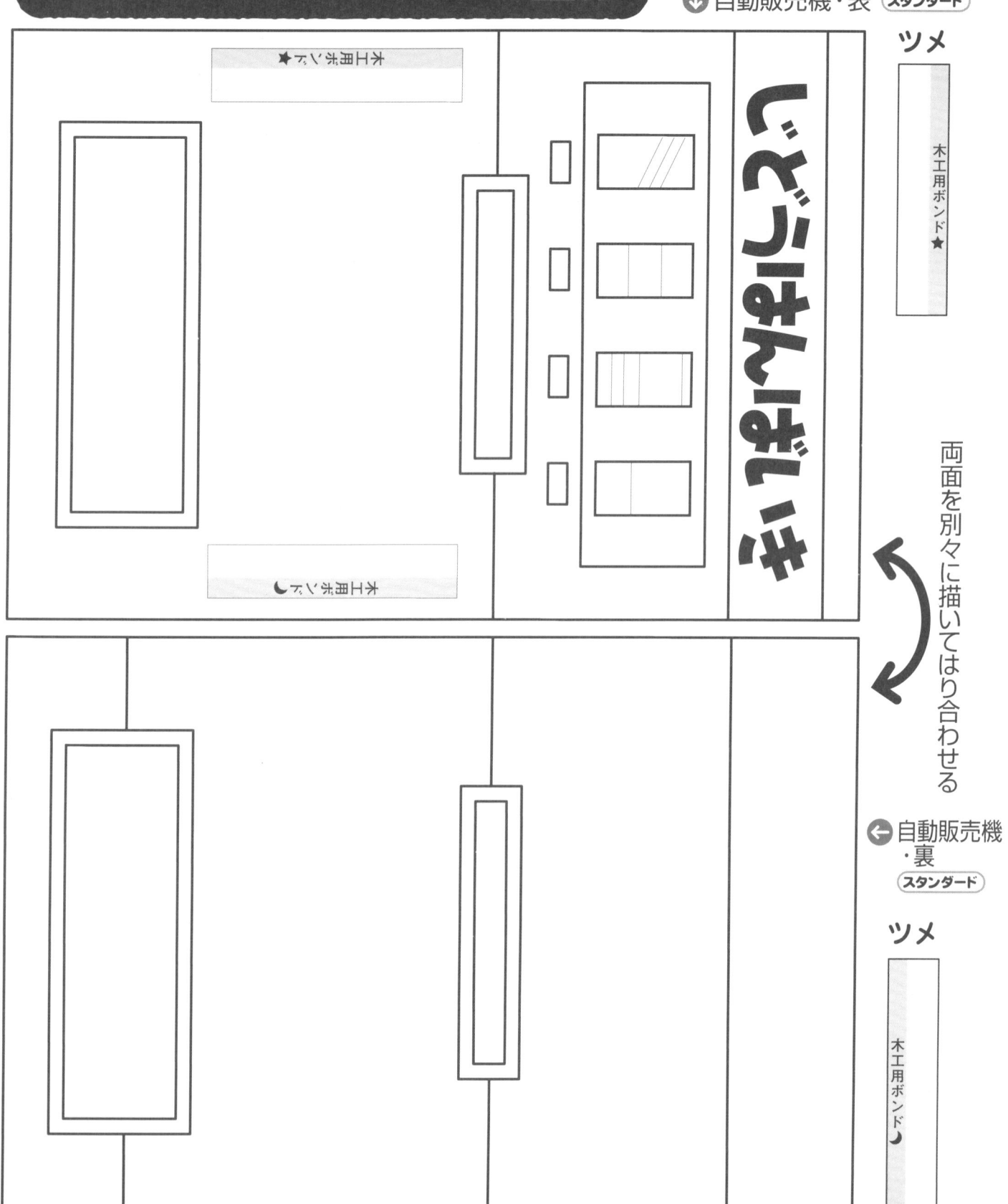

ツメ

木工用ボンド ★

じどうはんばいき

★ 木工用ボンド

☾ 木工用ボンド

両面を別々に描いてはり合わせる

← 自動販売機・裏
スタンダード

ツメ

木工用ボンド ☾

作りかた　自動販売機の作りかた

左右2枚のツメの □ 部分に木工用ボンドをぬり、同じ印（★ ☽）のところにはる。

はり紙をツメに引っかけて替える。

↑はり紙① スタンダード

↑はり紙② スタンダード

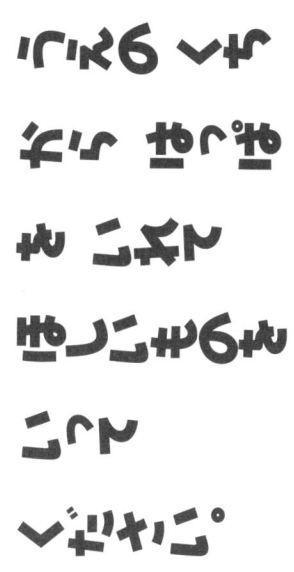

← 札 スタンダード

しばらく
おまち
ください。

↑木① 厚口

← 木② 厚口

作りかた・型紙

ぽんたのじどうはんばいき型紙

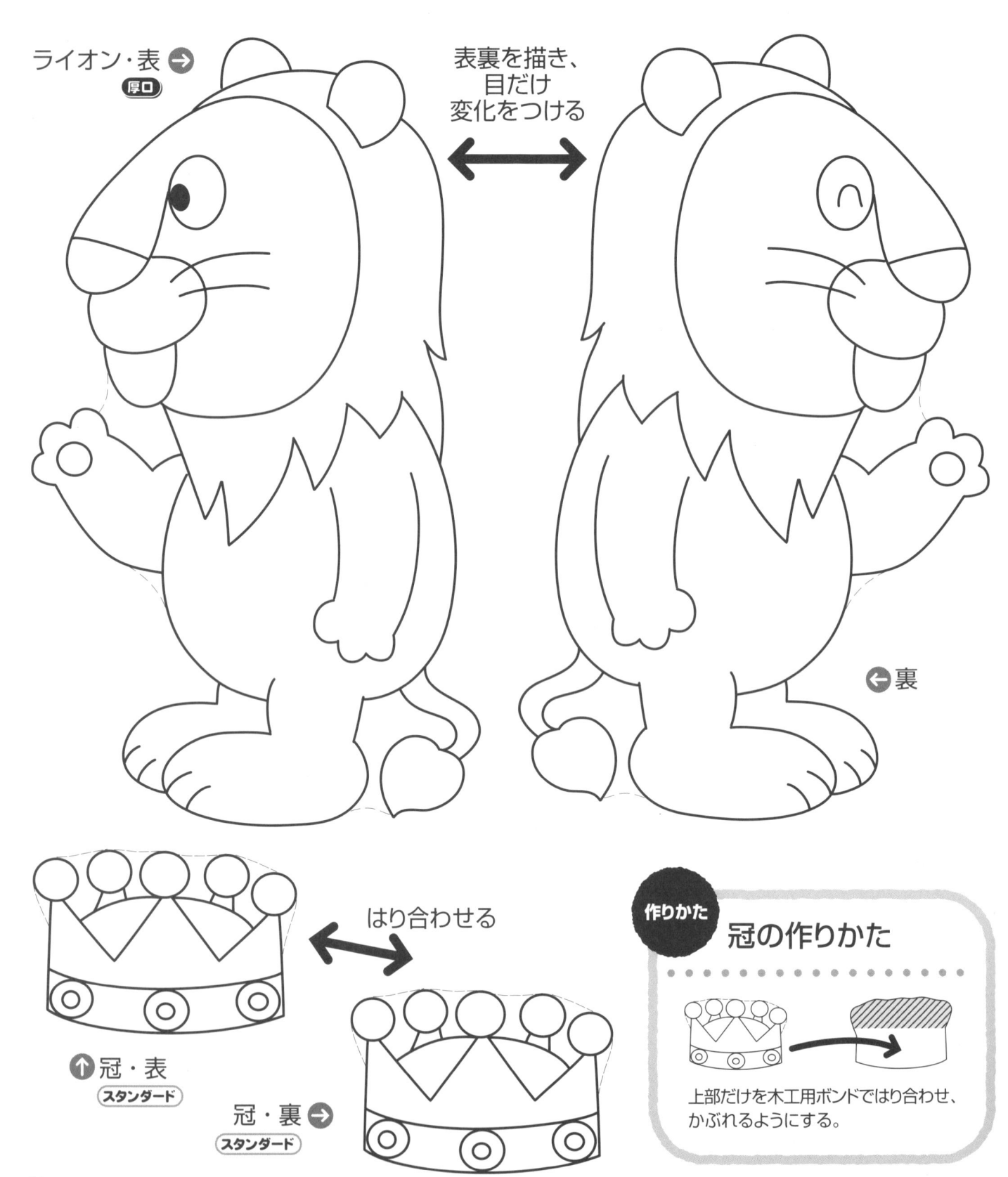

ライオン・表 → 厚口

表裏を描き、目だけ変化をつける

← 裏

はり合わせる

↑ 冠・表 スタンダード

冠・裏 → スタンダード

作りかた

冠の作りかた

上部だけを木工用ボンドではり合わせ、かぶれるようにする。

↑ きつねの葉っぱ
スタンダード (2枚作る)

↑ ライオンの葉っぱ
厚口

← ぽんたの葉っぱ①
スタンダード (裏打ち)

作りかた　ぽんたの葉っぱの作りかた（裏打ち）

フランネル または パネル布

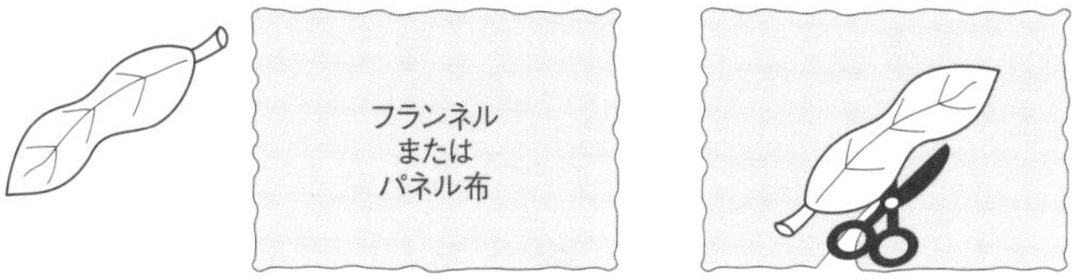

葉の裏に木工用ボンドをぬり、パネル布またはフランネルにはりつけ、形に沿って切る。

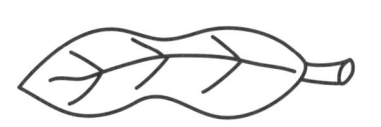

↑ ぽんたの葉っぱ②
スタンダード (裏打ち)

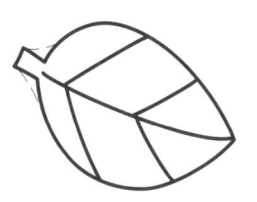

↑ さるの葉っぱ
スタンダード

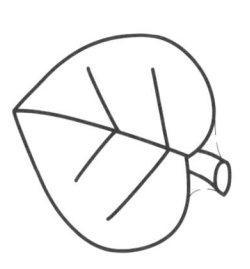

↑ ぽんこの葉っぱ
厚口

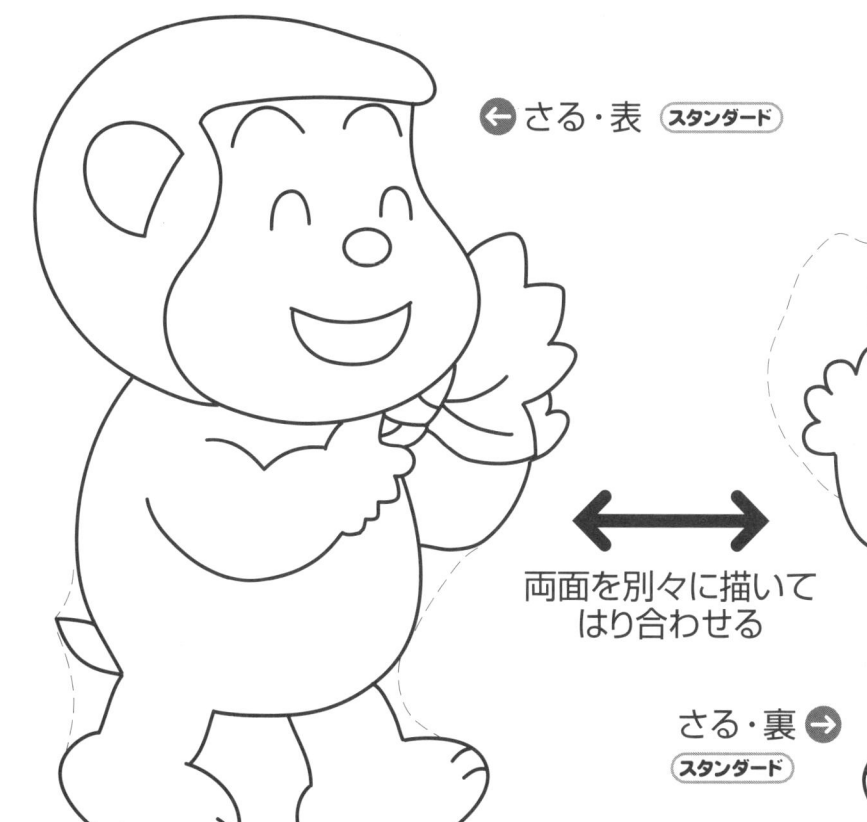

← さる・表　スタンダード

← → 両面を別々に描いてはり合わせる

さる・裏 →
スタンダード

作りかた・型紙

ぽんたのじどうはんばいき型紙

↓ ぽんこの左手 スタンダード　　↓ ぽんこの左手 スタンダード

はり合わせる ↔

↓ ぽんこの右手 スタンダード　　↓ ぽんこの右手 スタンダード

↔ はり合わせる

↑ 切り込みを入れる

↑ 首飾り 厚口

2つ作ります

※ぽんこの作りかたは63ページにあります。

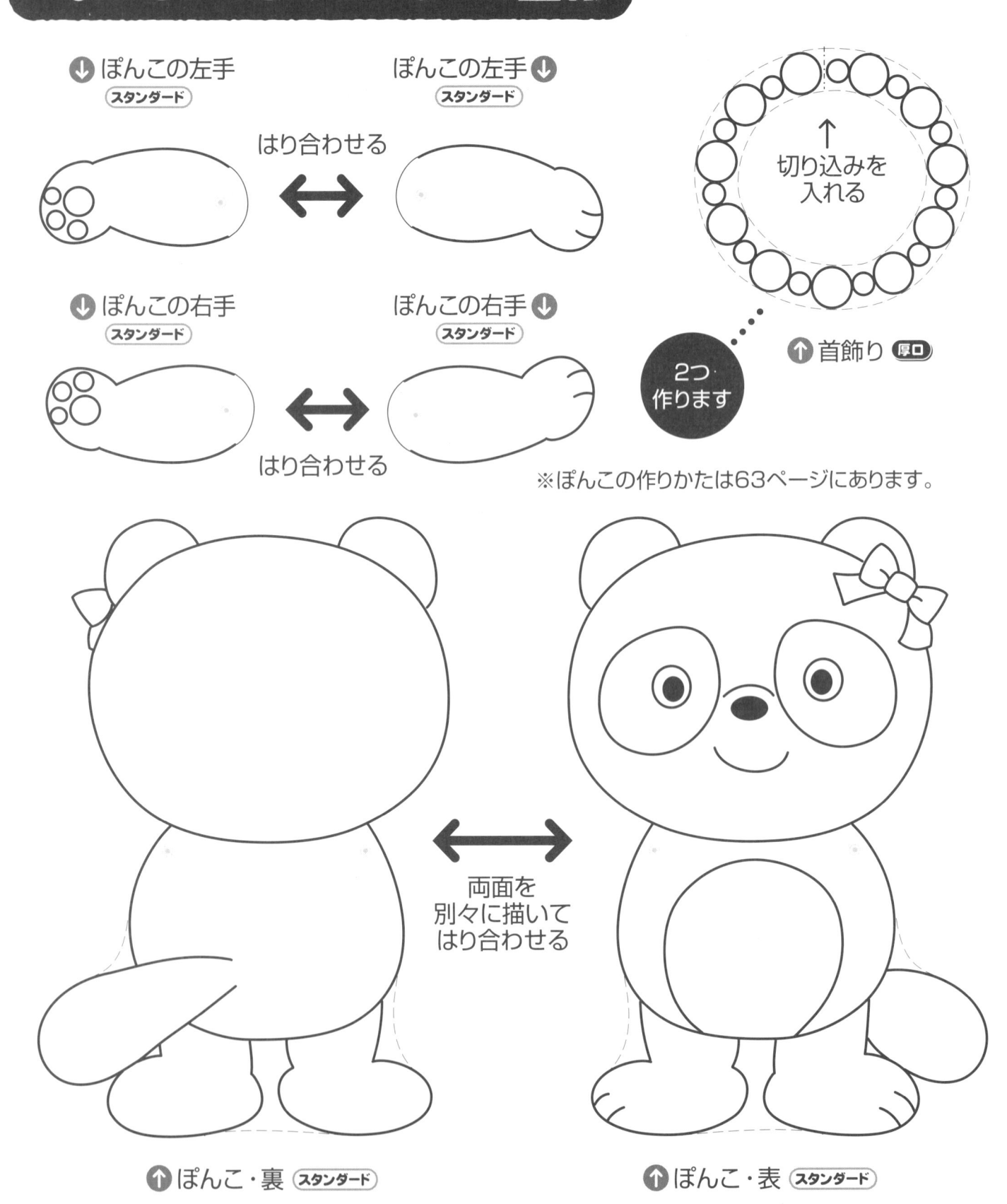

↔ 両面を別々に描いてはり合わせる

↑ ぽんこ・裏 スタンダード　　　↑ ぽんこ・表 スタンダード

← きつね①・表 厚口

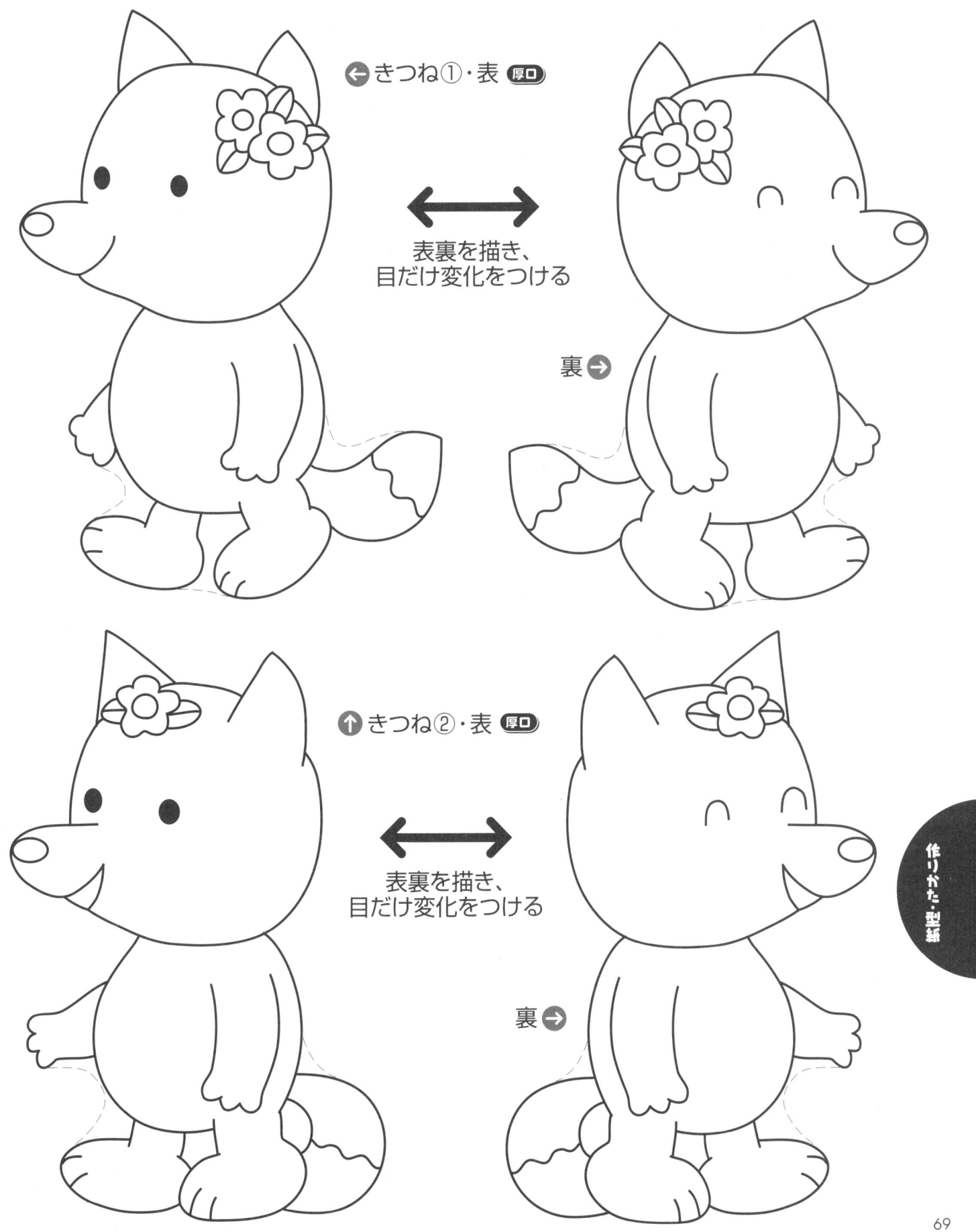

←→ 表裏を描き、目だけ変化をつける

裏 →

↑ きつね②・表 厚口

←→ 表裏を描き、目だけ変化をつける

裏 →

作りかた・型紙

ぽんたのじどうはんばいきあそび 型紙

↑ ぽんたのお面

ぽんた じゅーす

ぽんた コーラ

ぽんた むぎちゃ

↑ ぽんた飲料のラベル

うさぎのダンス型紙

・型紙は200%に拡大して使用ください。
・厚口、スタンダードの表記は、使用する不織布の厚さを示します。

型紙の記号について

型紙のなかで必要な事柄は、以下のように表しています。

▨ 使用する不織布の種類　　- - - - - 切り取り線
-・-・- 切り込み線　　◉ 糸どめ位置

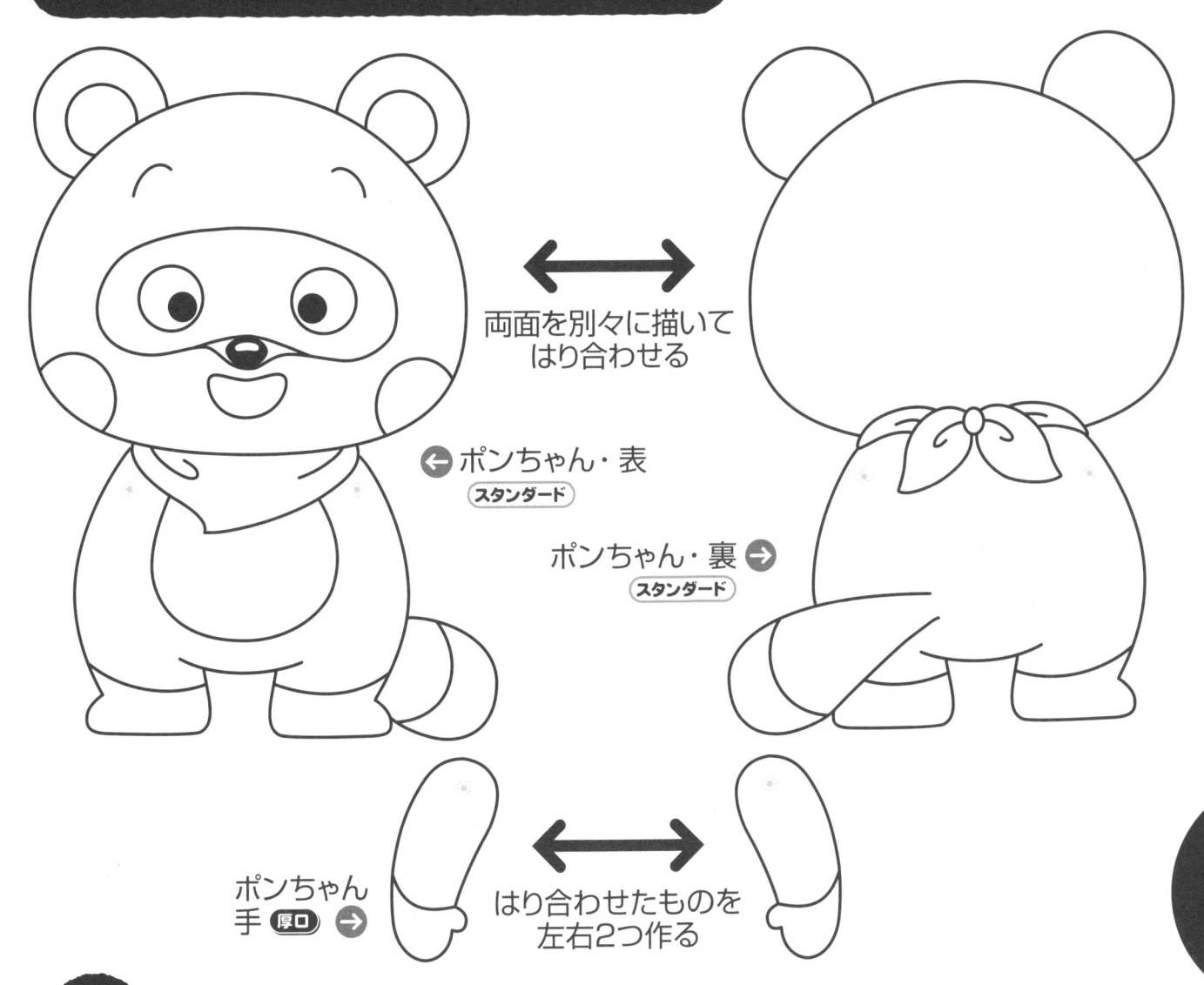

← ポンちゃん・表 スタンダード

ポンちゃん・裏 → スタンダード

両面を別々に描いてはり合わせる

ポンちゃん 手 厚口 →

はり合わせたものを左右2つ作る

作りかた・型紙

作りかた

ポンちゃんの作りかた

＊木工用ボンドではり合わせた場合は、必ず一晩重しをしましょう。ほかの絵人形も同様です。

斜線部に木工用ボンドをぬり、表と裏をはり合わせる。手を動かすので腕の周辺にはボンドをぬらない。

手を間に差し込み糸どめする。
（糸は2本どり）

71

うさぎのダンス型紙

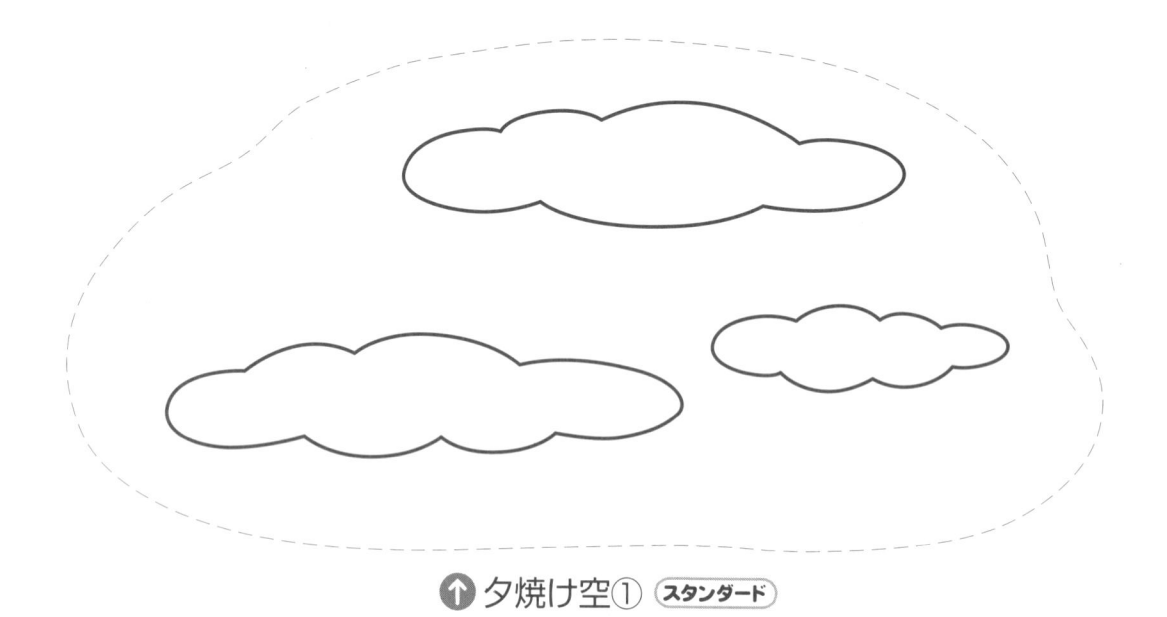

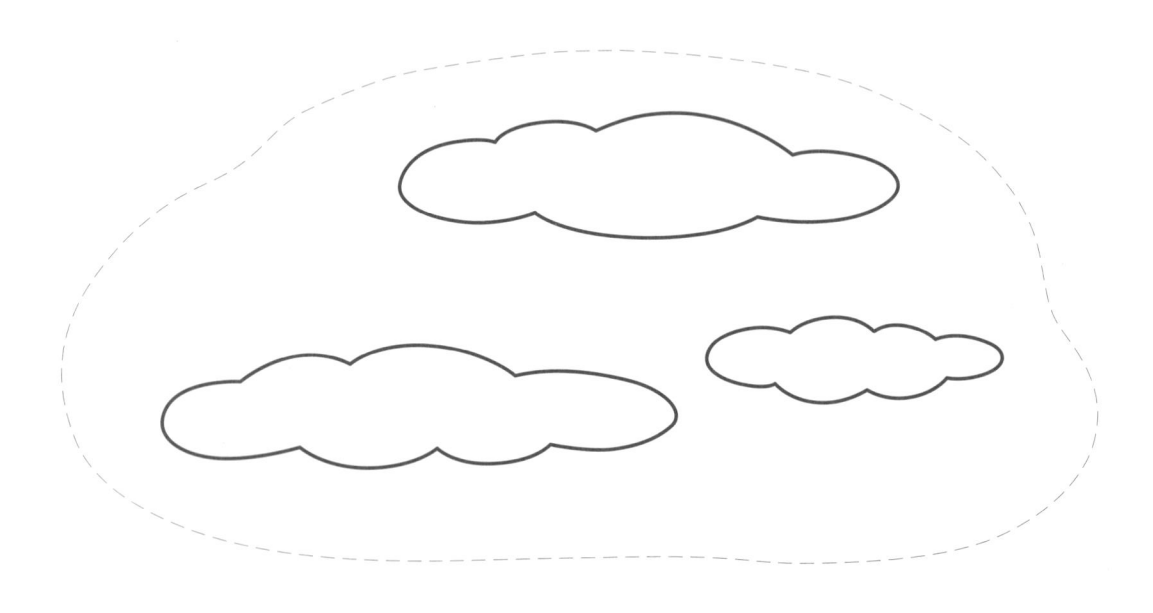

↑ 夕焼け空① スタンダード

↑ 夕焼け空② スタンダード

← 草むら①
スタンダード
(裏打ち)

← 草むら②
スタンダード
(裏打ち)

作りかた・型紙

73

うさぎのダンス型紙

← うさぎのダンス・右
厚口

↑ うさぎのダンス・左
厚口

作りかた

うさぎのダンスの組み合わせかた

うさぎのダンス右側の突起部分を差し込むための切り込みⒶと、小さいポンちゃんを差し込むための切り込みⒷを作る。

↑ 煙 スタンダード （裏打ち）

うさぎのダンス型紙

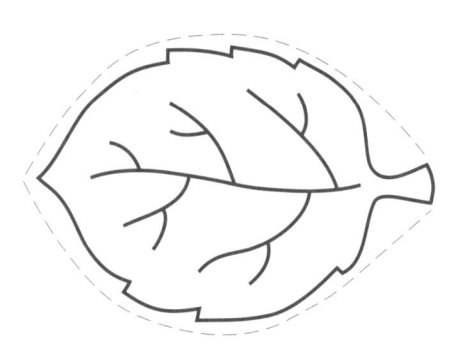

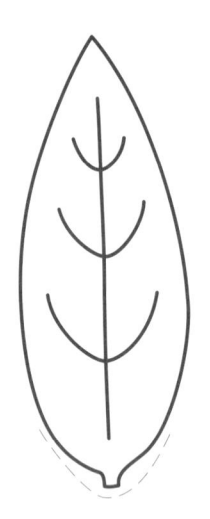

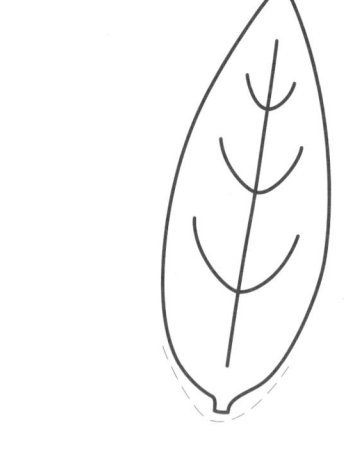

↑ 葉っぱ① 厚口

↑ 葉っぱ② 厚口

↑ ニンジンの葉っぱ 厚口

変身ポンちゃん① → スタンダード

↑ 変身ポンちゃん② スタンダード

↑ 変身ポンちゃん④ スタンダード

↑ 変身ポンちゃん⑤ スタンダード

↑ 変身ポンちゃん③ スタンダード

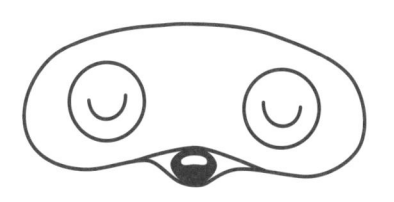

↑ ポンちゃんの目 スタンダード （裏打ち）

作りかた・型紙

77

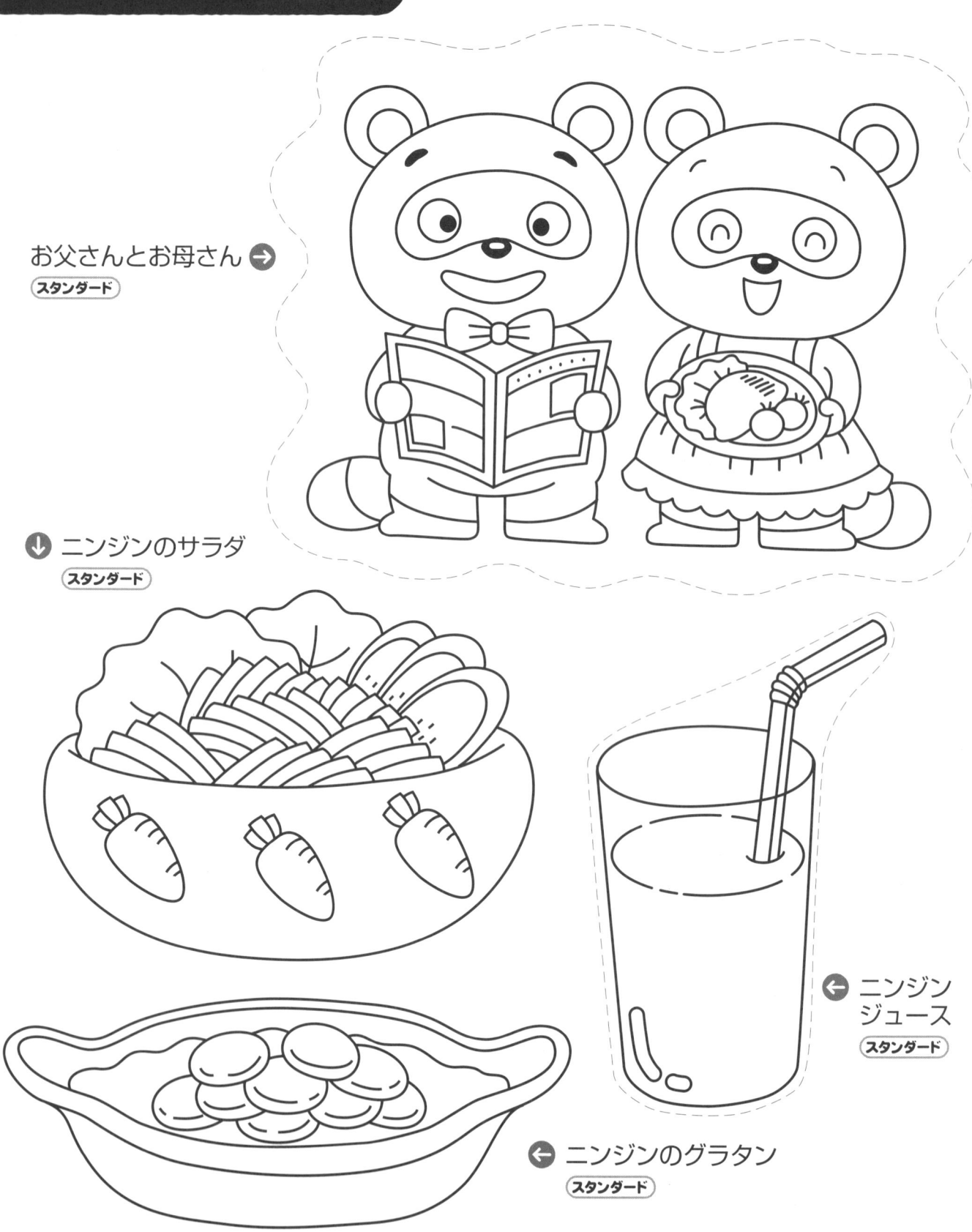

うさぎのダンス型紙

お父さんとお母さん →
スタンダード

↓ ニンジンのサラダ
スタンダード

← ニンジンジュース
スタンダード

← ニンジンのグラタン
スタンダード

↑ ニンジンスパゲティ
スタンダード

ニンジンアイス →
スタンダード

← ニンジンゼリー
スタンダード

↑ ニンジンケーキ
スタンダード

お月さま →
スタンダード

作りかた・型紙

79

うさぎのダンス型紙

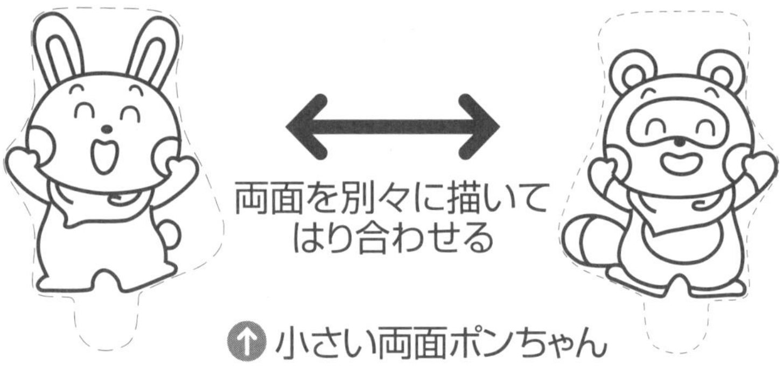

両面を別々に描いて
はり合わせる

↑ 小さい両面ポンちゃん
スタンダード

作りかた

小さい両面ポンちゃんの作りかた

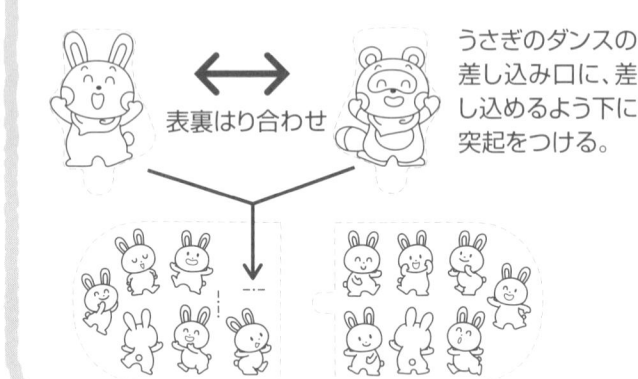

表裏はり合わせ

うさぎのダンスの差し込み口に、差し込めるよう下に突起をつける。

↑ うさぎに変身したポンちゃん
スタンダード

ポンちゃんのニンジンレストランぬり絵 型紙

ぽんちゃん
にんじんれすとらん
めにゅー

↑ メニュー用レタリング文字

メニューのぽんちゃん →

↑ ニンジンおこさまランチ

ニンジンクリームソーダ ↑

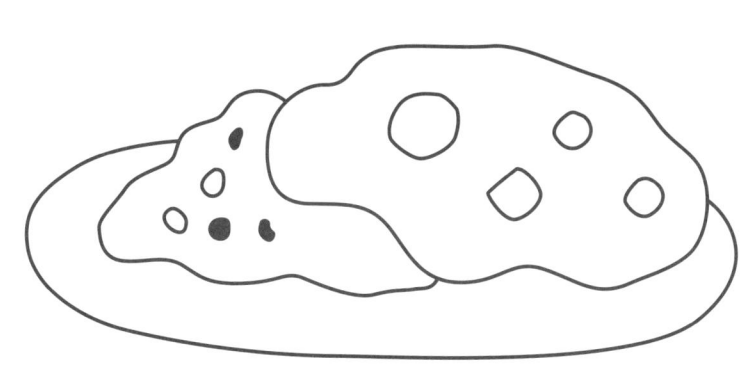

↑ ニンジンカレー

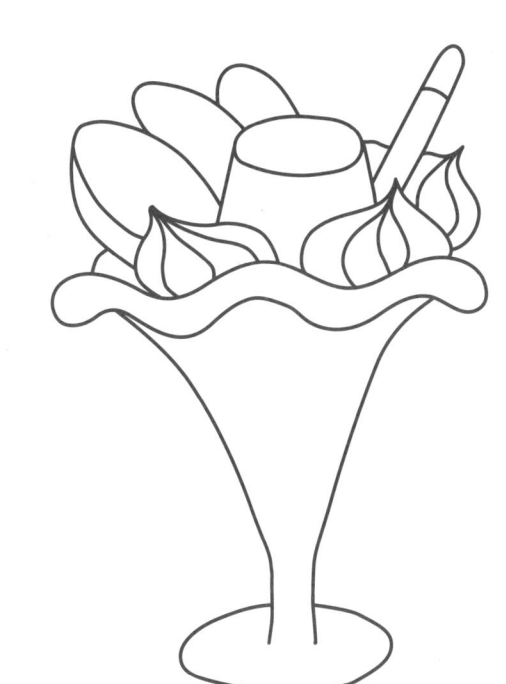

ニンジンパフェ ↑

↑ ニンジンハンバーグ

ニンジンおでん →

作りかた・型紙

ゆうびんうさぎとおおかみがぶり型紙

型紙の記号について

型紙のなかで必要な事柄は、以下のように表しています。

- ▨ 使用する不織布の種類
- ----- 切り取り線
- —·—·— 切り込み線
- ⊙ 糸どめ位置

・型紙は200%に拡大して使用ください。
・厚口、スタンダードの表記は、使用する不織布の厚さを示します。

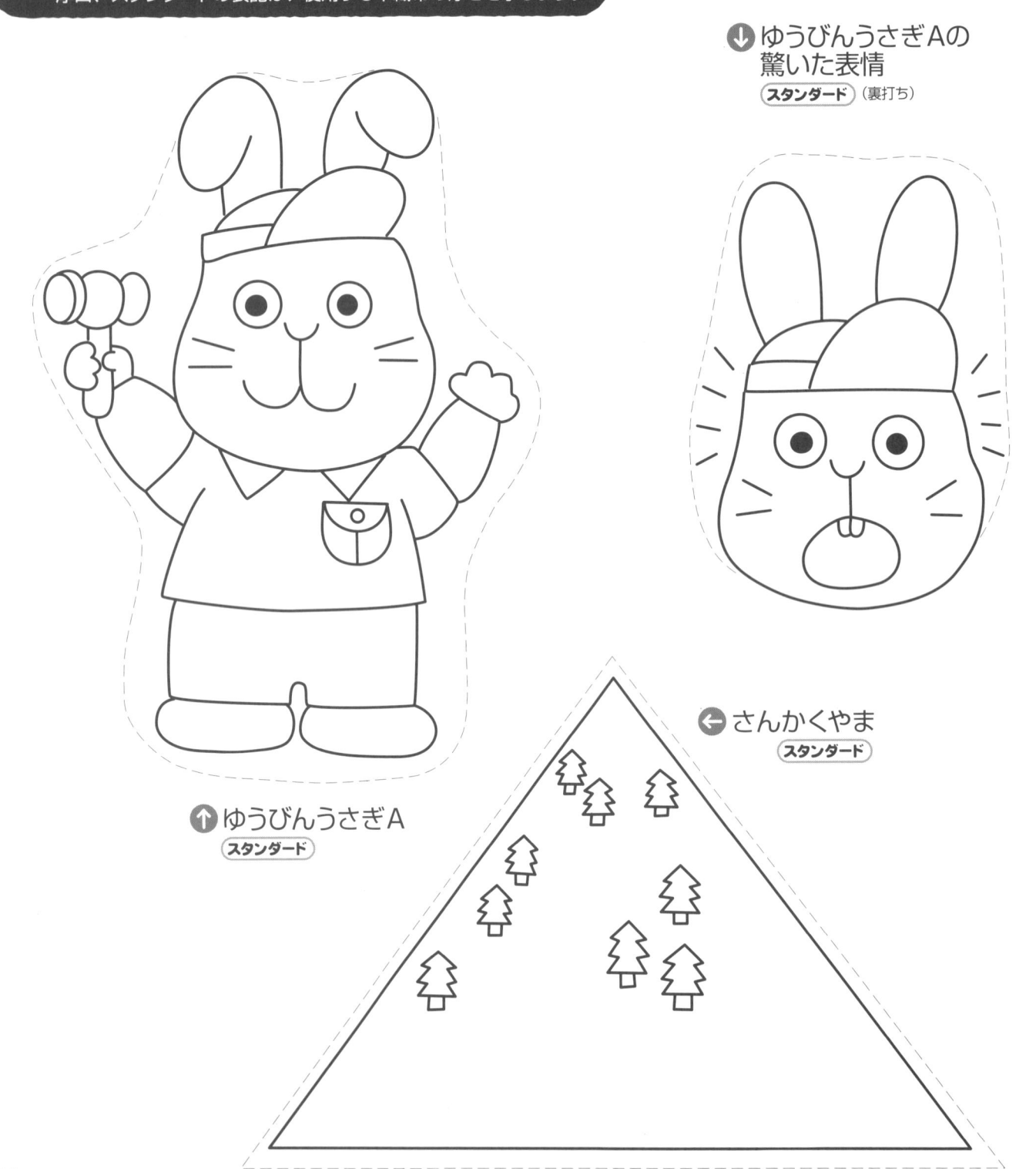

↓ ゆうびんうさぎAの驚いた表情
スタンダード（裏打ち）

↑ ゆうびんうさぎA
スタンダード

← さんかくやま
スタンダード

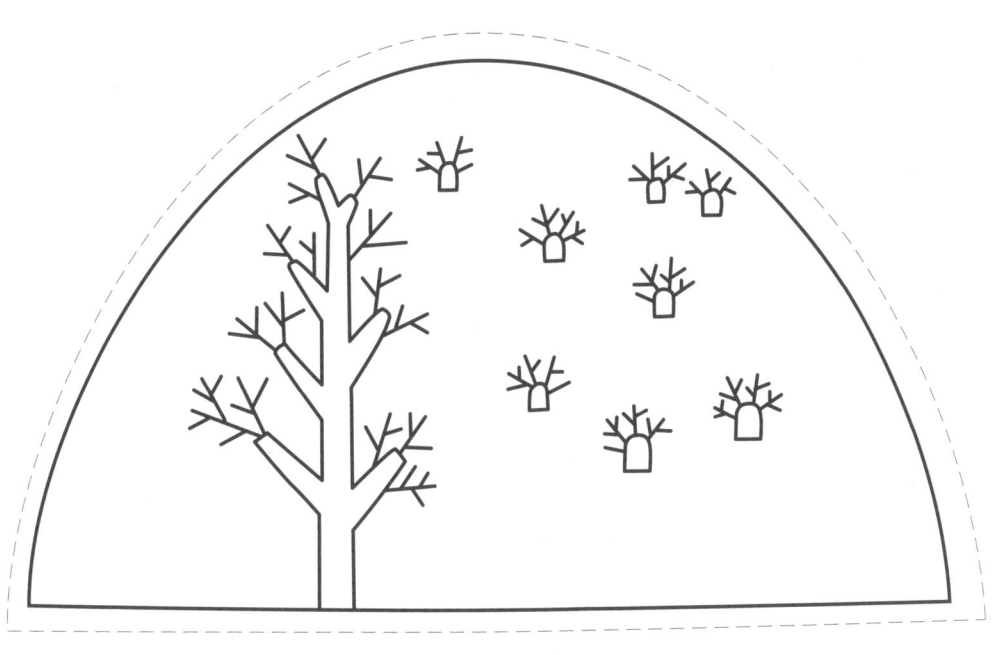

↑ **まんまるやま** スタンダード

← **ゆうびんきょく** スタンダード

両面を別々に描いて
はり合わせる

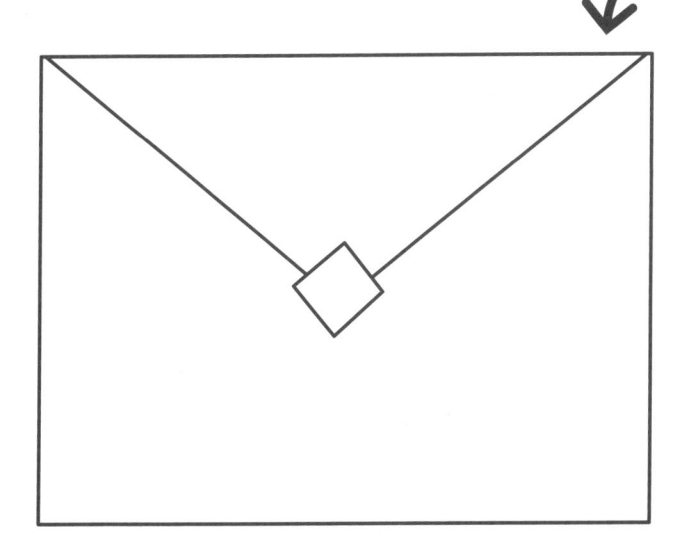

↑ **おおかみがぶりの手紙** スタンダード

作りかた・型紙

83

ゆうびんうさぎとおおかみがぶり型紙

↑ おおかみがぶりA　厚口

作りかた

手紙の作りかた

A

B

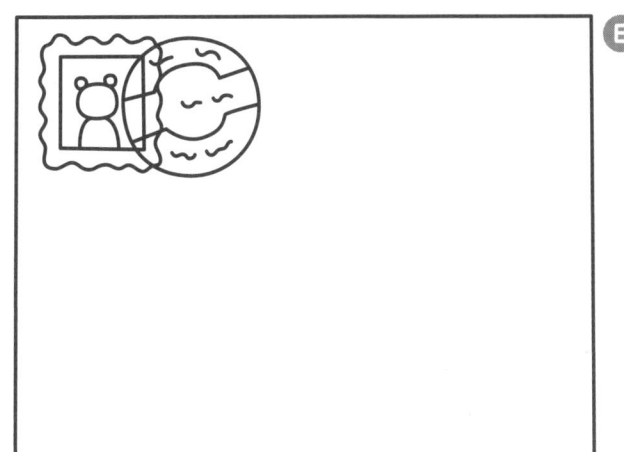

見本

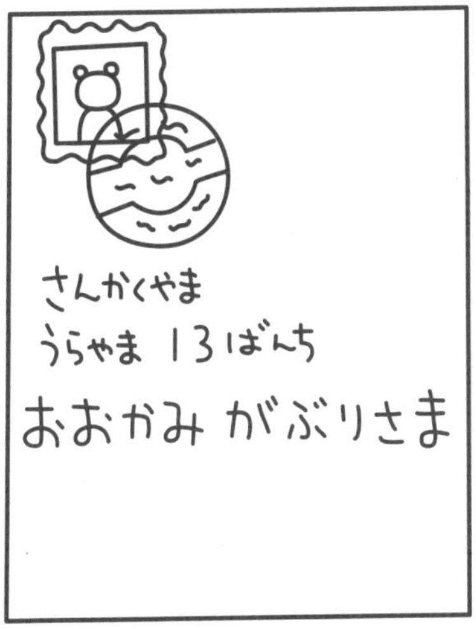

さんかくやま
うらやま 13ばんち
おおかみ がぶりさま

AとBを使って見本のようにあて名を書いてください。

住所一覧

さんかくやま　うらやま　13ばんち　おおかみがぶりさま
さんかくやま　うらやま　13ばんち　がぶりさま
まんまるやま　やまのうえ　5ちょうめ　ふくろうおばさん
まんまるやま　やまのうえ　6ちょうめ　つねおさん
まんまるやま　やまのうえ　7ちょうめ　ししおばさん
まんまるやま　やまのうえ　8ちょうめ　りすのきょうだいさま
まんまるやま　やまのうえ　9ちょうめ　いたちのおじさん

← ふうおばさん・表
厚口

表裏を描き、目だけ変化をつける

裏 →

作りかた・型紙

ゆうびんうさぎとおおかみがぶり型紙

← ゆうびんうさぎB・表
厚口

裏 →

↔ 両面を描く

りすの兄弟①・表 →
厚口

裏 →

↔ 表裏を描き、表情だけ変化をつける

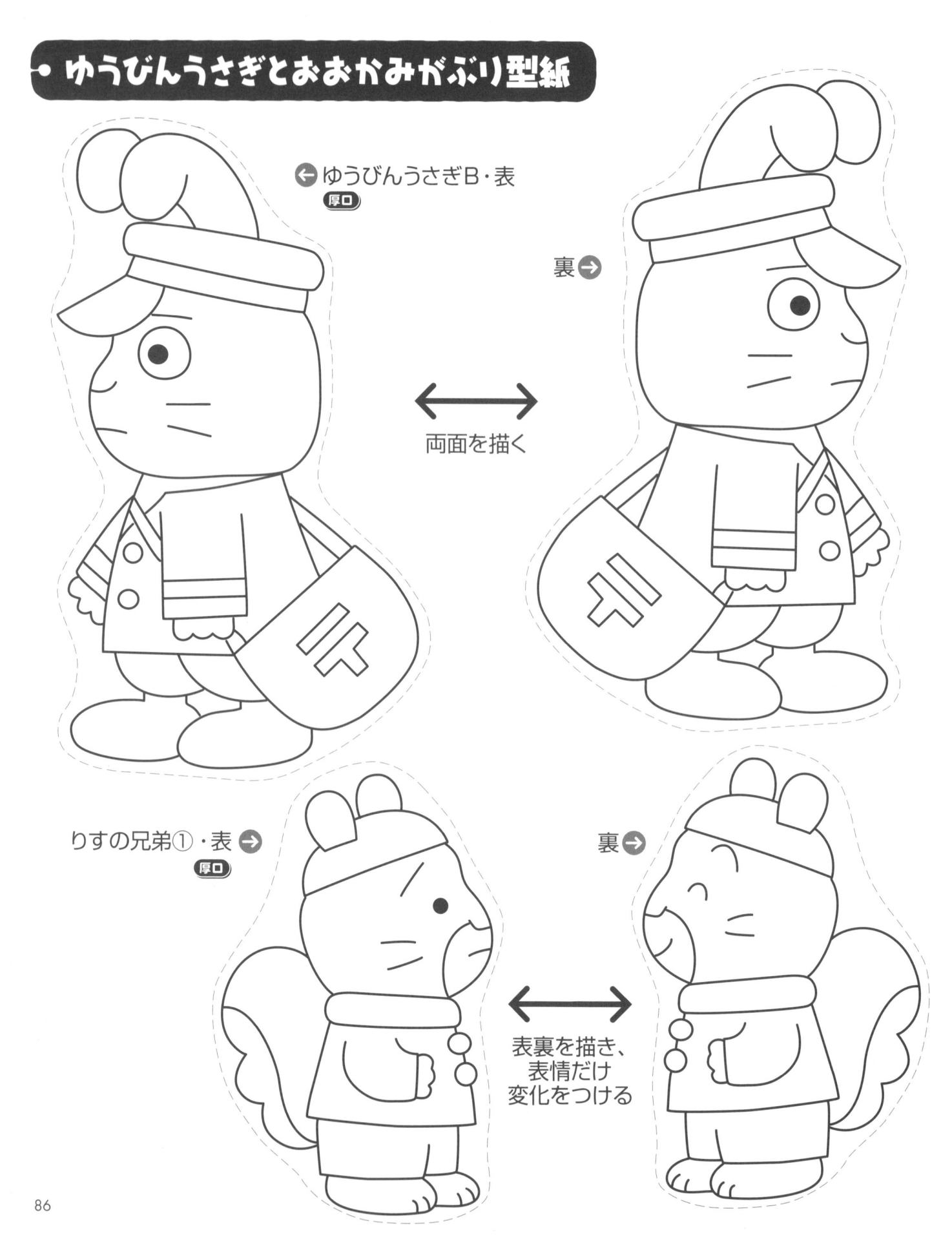

表裏を描き、
表情だけ
変化をつける

← いたちの
おじさん・表
厚口

← りすの兄弟②・表
厚口

表裏を描き、
表情だけ
変化をつける

裏 →

作りかた・型紙

ゆうびんうさぎとおおかみがぶり型紙

← ししおばさん・表 厚口

↓ 裏

表裏を描き、表情だけ変化をつける

つねおさん・表 →
厚口

表裏を描き、表情だけ変化をつける

← 裏

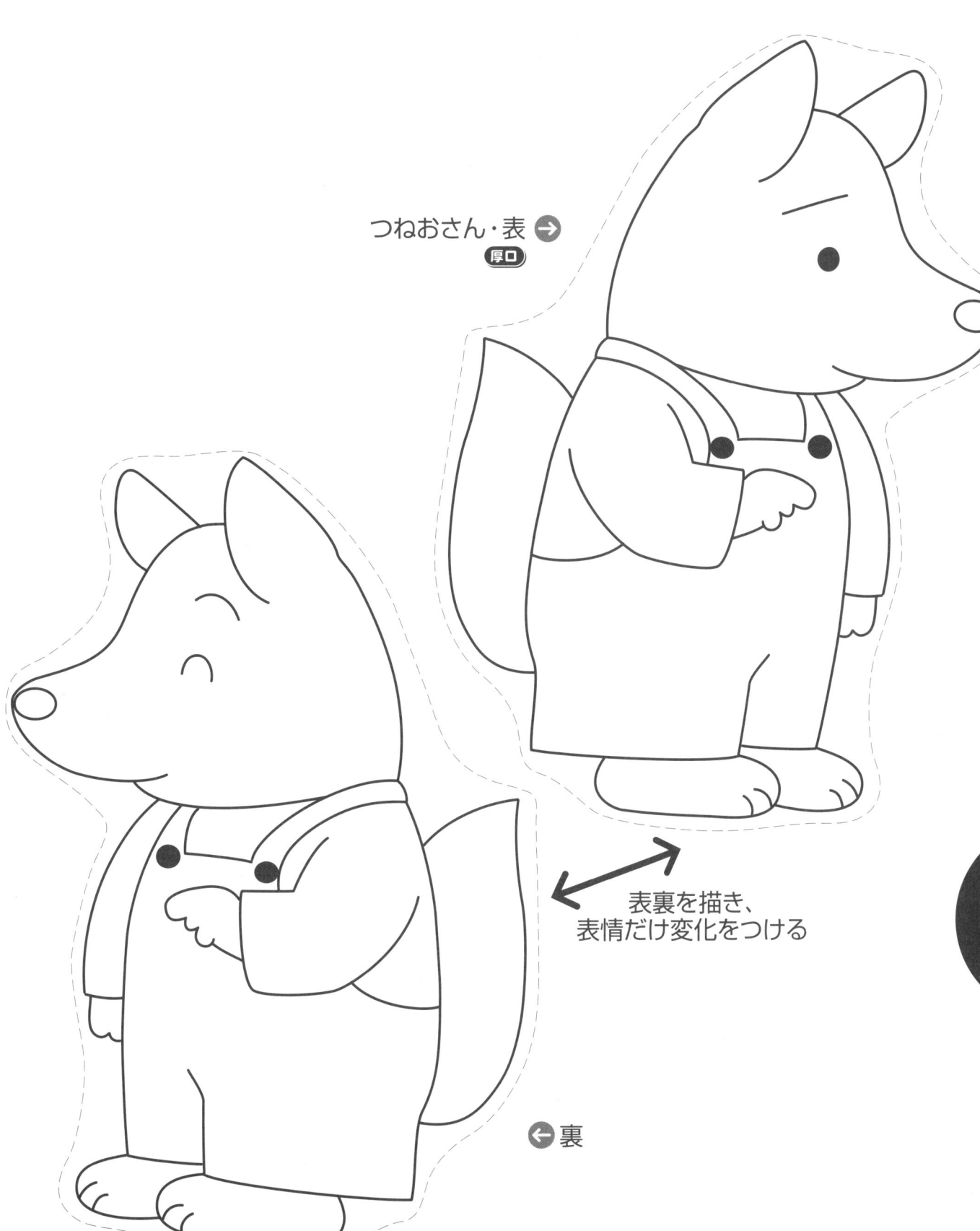

作りかた・型紙

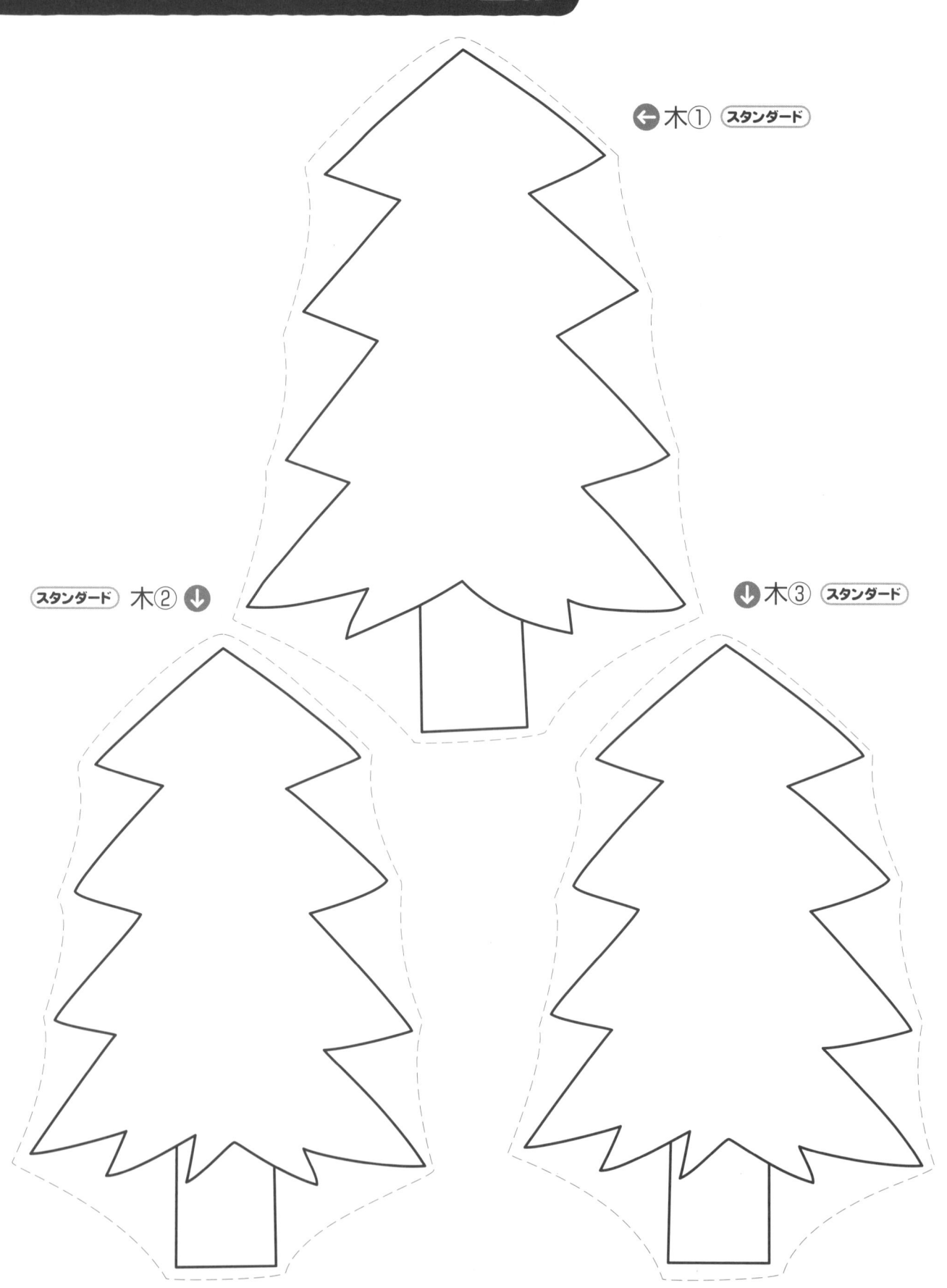

ゆうびんうさぎとおおかみがぶり型紙

← 木① スタンダード

スタンダード 木② ↓

↓ 木③ スタンダード

おおかみがぶりB・表 →
厚口

表裏を描き、
表情だけ変化をつける

← 裏

作りかた・型紙

ゆうびんうさぎとおおかみがぶり型紙

作りかた ゆうびんポストの仕組み

のりしろ部分10mmに木工用ボンドをつけ、ポストの裏にはりつける。

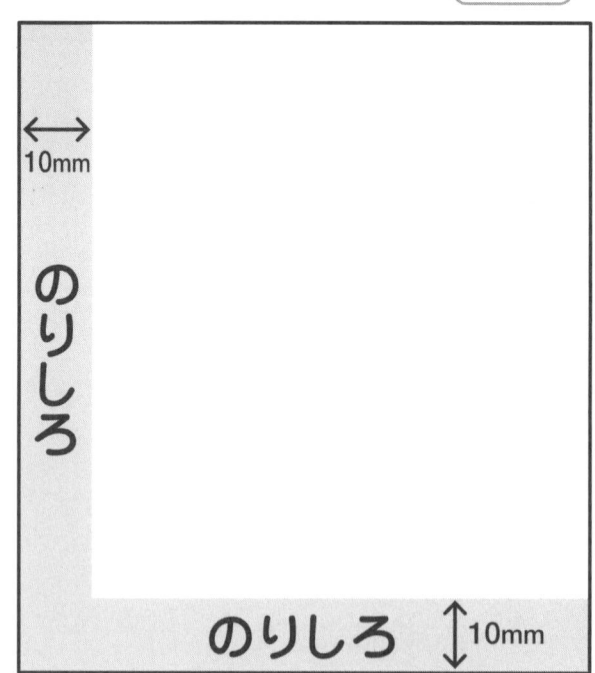

⬇ ゆうびんポストのポケット
スタンダード

←→ 10mm

のりしろ

のりしろ ↕10mm

← 2人で手紙をみているシーン
スタンダード

↑ ポスト 厚口

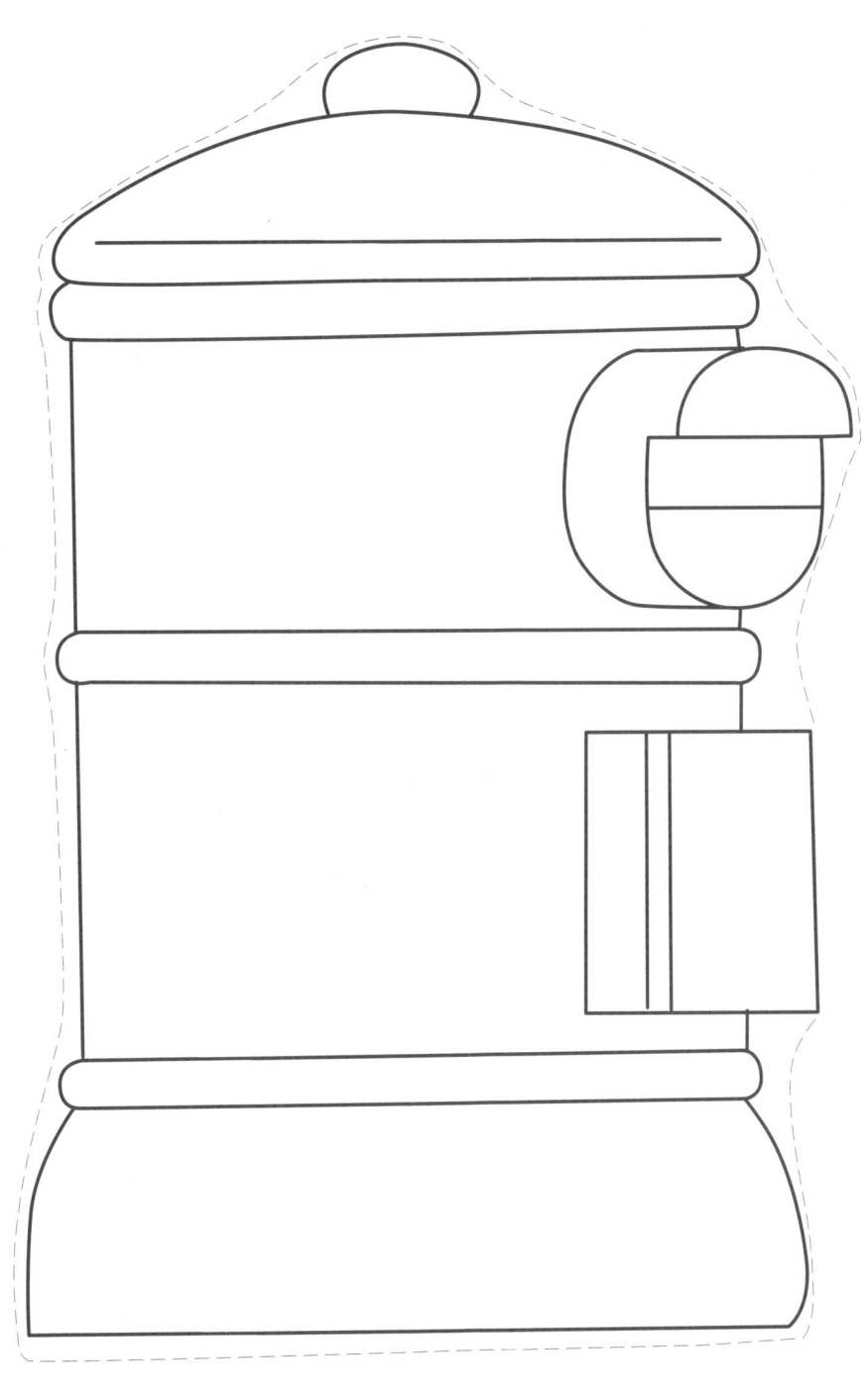

● おおかみがぶりに手紙を出そう！ 型紙

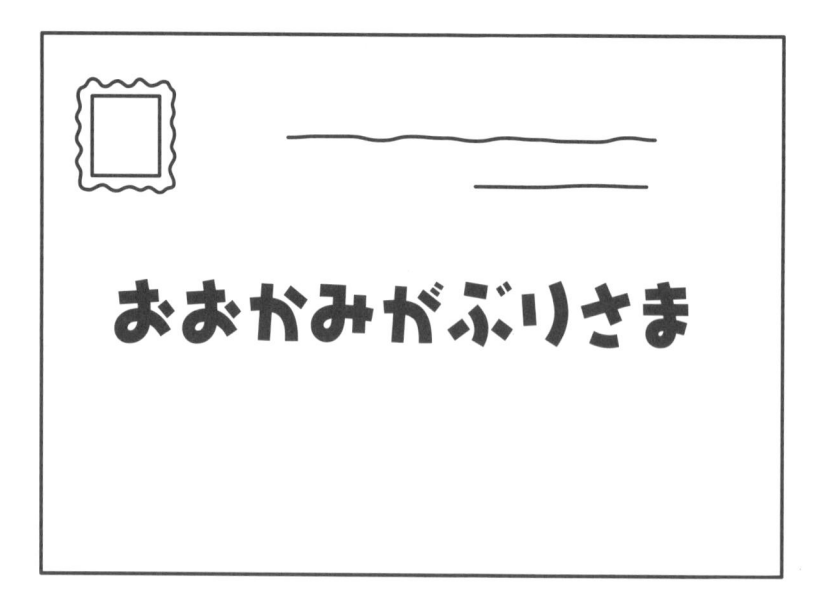

おおかみがぶりさま

↑ポストカード

おおかみがぶりさま

↑ハート形ポストカード

↑おおかみがぶり 壁面用イラスト

作りかた・型紙

阿部　恵（あべ　めぐむ）

道灌山学園保育福祉専門学校保育部長
道灌山幼稚園主事

パネルシアターの第一人者。明るく楽しい作品作りと実演で人気がある。童話・絵本・紙芝居・ペープサートなどの創作活動も精力的に行なっている。『ラクラクかんたん　パネルシアター』『ラクラクかんたん　パネルシアター2』『ラクラクかんたん　ペープサート』（以上チャイルド本社）ほか、著書多数。

表紙イラスト／小林昌子
本文イラスト／町田里美
絵人形製作／小島みはる、冬野いちこ
表紙・本文デザイン／有限会社ZAPP!
型紙トレース／プレインワークス
楽譜版下／クラフトーン
撮影／中村俊二
モデル／村上英里、生江由香、駒井実穂、櫻井江奈
編集協力／株式会社スリーシーズン

パネルシアター どうぞのいす

2006年2月　初版第1刷発行
2011年2月　　　第7刷発行
著　者／阿部　恵　　©MEGUMU ABE 2006
発行人／浅香俊二
発行所／株式会社チャイルド本社
　　　　〒112-8512　東京都文京区小石川5-24-21
　　　　☎03-3813-3781　振替／00100-4-38410
印刷所／共同印刷株式会社
製本所／一色製本株式会社
日本音楽著作権協会（出）許諾第0600045-007号
ISBN978-4-8054-0065-4 C2037
NDC376　26×21cm　96P

本書の内容の一部あるいは全部を無断で複写複製することは、法律で認められた場合を除き、著作権者及び出版社の権利の侵害となりますので、その場合は予め小社あて許諾を求めてください。

乱丁・落丁はお取替えいたします。

チャイルド本社ホームページアドレス
http://www.childbook.co.jp/
チャイルドブックや保育図書の情報が盛りだくさん。どうぞご利用ください。